任正非
管理日志

（全新修订版）

程东升◎编著

浙江大学出版社

图书在版编目（CIP）数据

任正非管理日志 / 程东升编著. -- 修订本. -- 杭州：浙江大学出版社，2021.3
 ISBN 978-7-308-21033-1

Ⅰ. ①任… Ⅱ. ①程… Ⅲ. ①通信－邮电企业－企业管理－经验－深圳 Ⅳ. ①F632.765.3

中国版本图书馆CIP数据核字（2021）第009446号

任正非管理日志
程东升　编著

策　　划	杭州蓝狮子文化创意股份有限公司
责任编辑	张　婷
责任校对	顾　翔
封面设计	张志凯
出版发行	浙江大学出版社
	（杭州市天目山路148号　邮政编码　310007）
	（网址：http://www.zjupress.com）
排　　版	杭州林智广告有限公司
印　　刷	杭州钱江彩色印务有限公司
开　　本	710mm×1000mm　1/16
印　　张	17.5
字　　数	298千
版 印 次	2021年3月第1版　2021年3月第1次印刷
书　　号	ISBN 978-7-308-21033-1
定　　价	58.00元

版权所有　翻印必究　印装差错　负责调换

浙江大学出版社市场运营中心联系方式：0571-88925591；http://zjdxcbs.tmall.com

序

创业家任正非

2020年,年满76岁的任正非依旧每天按时上班,在他的概念里,如果不工作,生活就没有意义。创业30多年来,任正非一直保持高昂的工作热情,不知疲倦。其间华为曾多次陷入困境,任正非也有过短暂的情绪低落,甚至萌生过将华为卖掉的想法,但任正非都熬过来了。

因为如此,华为才得以取得今天的成就。

思想是行动的导师,唯有思想创新才有商业的变革。

任正非引领华为从几个人、2万元资本的小作坊,发展成为年销售收入近9000亿元、规模第一的世界通信设备供应商,深邃的思想一直是任正非指引华为发展的内在动力。

深入观察任正非的思想,我们发现,他对中国传统哲学与西方先进的经营管理思想进行了融合,从而形成了自己独特的管理哲学,并以此来指导华为的发展。

任正非深受毛泽东、郭士纳以及稻盛和夫思想的影响。

华为创业初期时,任正非广泛运用毛泽东的诸多哲学思想,比如"农村包围城市""运动战"等思路,实现了技术的重大突破,并打通了国内外市场,实现了华为第一次创业的目标。在《华为真相:在矛盾和平衡中前进的"狼群"》中,笔者对任正非活学活用毛泽东思想进行了专门分析。

华为在信息技术领域进行二次创业的时候，任正非又引入了两种思想，一种来自东亚的稻盛和夫，一种来自北美的郭士纳。

1997年，任正非前往美国向 IBM 公司取经。在 IBM，任正非听到了项目管理、预研管理、投资评审、综合管理、结构性项目开发、决策模型、筛选管理、异步开发、部门交叉职能分组、经理角色、资源流程管理、评分模型等新鲜的管理名词和相关阐述。

本次考察和学习，让任正非的思路一下子打开了。任正非对 IBM 先进的管理方法十分认可，他后来得知这些管理理念均源自美国哈佛大学等著名大学的一些管理著述。返回华为后，任正非在高层中进行了长达两天的传达与研讨，让华为的高层学习这些先进的管理方法，并印发了100多页简报供华为内部人员学习使用。

任正非说："我们只有认真地向这些大公司学习，才能使自己少走弯路、少交学费。IBM 是付出数十亿美元直接代价总结出来的，他们经历的痛苦是人类的宝贵财富。"

他说："美国信息产业的兴亡史，令人胆战心惊。500多年春秋战国如果缩到一天内进行，谁是英雄？巨大的信息潮，潮起潮落，随着网络技术与处理技术的进步，新陈代谢的速度会越来越快，因此很难再有盖棺英雄。任何过路的豪杰都会推动信息业的发展，我们应尊重他们、学习他们、批判地继承他们。"

在学习郭士纳的管理理念之后，华为在短短几年时间内出台了《华为基本法》，引进了任职资格制度，实现了产品的多样化，介入数据业务、3G 等通信领域的主导产品。

通过机会、人才、技术和产品四种力量的牵引，华为获得了飞速发展，成为国内通信市场的领头羊。不过，任正非在高速发展的背后看到了危机的存在。从1997年起，创业10年后华为的发展速度已经开始慢下来，华为每年的增值由原来的50%逐步降到国际高科技企业35%的平均增长水平。面对发展减速，任正非提出了可持续发展的要求。华为在成长管理过程中，在吸收多种管理思想的基础上，组合运用多种战略，任正非由此形成了具有华为特色的经验管理模式和核心文化。

创办华为以来，任正非苦心经营30多年，经历国际风云巨变，经历过冬天，也拥抱过春天，还走过国际化颗粒无收的秋天。

2020 年的华为，已经成为世界第一大电信设备供应商，在多个领域站在了世界通信技术的最前沿。华为基本实现了任正非在创办初期就定下的宏大目标——世界通信市场，三分天下，华为有其一。

现在华为正在二次创业，打造华为云帝国。任正非在华为的漫长征程，才刚刚开始。尽管华为已经是中国民营企业的翘楚，但华为并非完美，华为遭遇的各种挑战也才刚刚开始。

即便如此，华为仍是中国企业的一个标杆，任正非对华为的管理试验，将中国传统哲学与西方经营管理理念充分融合，并在华为 30 多年的发展中一再得到验证。从这个角度说，将任正非看做是中国传统哲学与西方先进经营管理经验的集大成者，并不为过。

任正非的经营管理理念非常值得众多中国企业学习。也正因为如此，我们之前编著的《任正非管理日志》出版后一直受到各界人士的追捧，不但在全国各大书店一直畅销，而且在多个数字平台下载量巨大。这是任正非个人的魅力之所在，是任正非商业思想的巨大影响力的体现。

继 2013 年《任正非管理日志》在中信版基础上修订出版后，到今天已经 7 年了，这 7 年里，国际政治风云变幻、世界产业起起伏伏、区域经济兴衰不定，华为从年销售额 2000 亿元增长到了近 9000 亿元。

2018 年开始，美国对华为持续打压：任正非的长女、华为 CFO 孟晚舟女士被加拿大警方拘捕，美国试图将孟晚舟女士引渡到美国；特朗普多次公开发表言辞激烈的言论，甚至强烈要求欧洲多国终止采购华为的 5G 设备……华为被推上了风口浪尖，任正非遭遇了创办华为以来的至暗时刻。

面对如此艰难的处境，身为华为创始人、CEO 的任正非没有怨天尤人、没有自怨自艾，更没有绑架国家利益，时年 76 岁的他一直保持着清醒的头脑，一直保持着商人的理性，没有说过一句过激的言论。甚至，在特朗普多次公开表示要禁止华为的 5G 设备进入美国及其同盟国家和地区，中国国内反美情绪高涨的时候，任正非依旧说，"特朗普是一位伟大的总统"。

这种超然的气度和非凡的智慧令人钦佩。

而此次危机，更让华为的知名度在全球进一步提升，任正非的影响力在世界范围内进一步扩大。

在这种情况下，我们更有必要传播任正非先生的经营管理理念。

这几年，多家上市公司、行业领先企业邀请我以及团队成员前去进行华为文化的培训、战略规划指导，为企业发展赋能。我与团队成员先后服务了多家上市公司以及多家有潜力的企业，这些企业家大都已经四五十岁，有的甚至六七十岁了，他们都早已经过了为个人和家族利益奋斗的时期，但财富自由之后的他们没有沉迷于物质享受，而是有强烈的事业心，有远大的梦想。他们每天兢兢业业地工作，忘我地奋斗，这种敬业精神让我异常感动。我将这批超越了单纯的个人物质追求的企业家称为"创业家"，他们一直在创业的路上，永不止步。

这些"创业家"对华为乃至任正非先生非常推崇，希望能长期深入地学习，让自己的企业成为行业里的小"华为"。

鉴于如此多的企业家朋友对任正非先生经营管理思想的认同，2019年，我在吴晓波频道开设了"任正非经营理念"和"华为文化"两门课，以音频的形式传播任正非先生的经营管理思想。

借此良机，我也对本书进行了全新修订。

从《华为真相》开始，近20年来，我们一直在研究、梳理、传播任正非先生的经营管理理念，我认为，这是时代赋予我们的使命，光荣而伟大。

感谢各位读者朋友的支持，你们的支持是我们继续前行的动力。

在研究的过程中，我的家人给予了我巨大的支持、鼓励以及无微不至的关怀。

在此，我向他们致以最诚挚的感谢。

程东升

2020年8月

目录

1月	愿景与价值观：要么成为领先者，要么被淘汰 /1
2月	企业文化：人定胜天 /26
3月	待遇：决不让雷锋吃亏 /47
4月	财务管理：与国际接轨 /67

5月	供应链：生存之本 /89
6月	人才观：不断清零 /113
7月	学习观：不搞培养制，只搞选拔制 /139
8月	品牌：用户选择的不是产品而是公司 /161
9月	技术：以客户需求为路标 /180
10月	干部：领导只从基层来 /204
11月	国际化：建立新型竞合关系 /228
12月	责任：享受奋斗 /251

1月

愿景与价值观：要么成为领先者，要么被淘汰

1月1日 荣耀感

中国通信产业正飞速向前发展，并形成自己的民族通信工业。未来3年将是中国通信工业竞争最为激烈的时期，持续10年的中国通信大发展催生了中国的通信制造业，并使其迅速成长。由于全世界厂家都寄希望于这块当前世界最大、发展最快的市场，而拼死争夺造成了中外产品撞车、市场严重过剩，形成巨大危机。大家拼命削价，投入恶性竞争，外国厂家有着巨大的经济实力，已占领了大部分中国市场，中国厂家仍然维持现在的分散经营，将会困难重重，是形势迫使必须进行大公司战略。

泱泱10多亿人口的大国必须有自己的通信制造产业，对此，华为作为民族通信工业的一员，已在拼尽全力向前发展，争取进入国家大公司战略系列。

——摘自《在第四届国际电子通信展华为庆祝酒会上的发言》，1995年11月

背景分析

1995年,华为的员工才800多人,当年销售额仅仅15亿元。这一年,华为成立了北京研发中心,开始进入数据通信领域。华为大规模地与国内厂家合作,走共同发展的道路,同时也开始从农村市场向城市市场转型。此时,成立仅8年的华为,面临着一个险恶的市场环境。鉴于内忧外患,任正非主张:本土企业应该联合起来,国家也应该支持民族通信企业的发展,让本土企业迅速壮大,提高竞争力,最终到海外拼搏。

行动指南

"愿景"就是企业的宗旨,也可以说是企业的一个阶段性目标。愿景的设置要合理,既不能太不切实际,又不能目标过低,前者会导致员工缺乏实现目标的信心,后者则达不到振奋士气、鼓舞斗志的目的。在某些时候,远大的目标更容易使员工产生荣耀感,从而有助于激发员工的斗志。

愿景的表达要简单、具体,要尽可能让员工充分理解企业愿景,如果表达过于模糊,容易导致员工产生厌烦甚至是抵触的情绪。任正非给华为人定下了一个比较适中的目标,以此激励员工奋斗。华为的经验证明,无论企业规模多小,也一定要有崇高而远大的目标。只有不仅仅为钱奋斗的企业,才能使员工一直充满斗志。

1月3日 永远正确的"店规"

第一,客户永远是正确的;第二,如果客户错了,请参考第一条。在为客户服务的过程中,仅将自己的工作做正确是不够的,只有最终使客户满意才是将工作做好的证明。因此,我们心中也应该时时要有这样一条"店规":如果客户错了,请参考第一条。

——摘自《能工巧匠是我们企业的宝贵财富》,1999年5月

背景分析

有一次，某客户自提 358 件货物，这些货物已经经过华为公司及时、正确的复核和校验。华为员工在与客户交付货物时发现：客户方清点失误，漏清点 6 件货物。发货复核和发货组并没有简单地对客户讲："关于这 358 件货物，我们已层层把关，经过 IT 系统保证其准确性，认真细致地完成了装载，并在过程中时时提醒客户核对数量。我们输出的数量是正确的，你们的失误不是我们职责范围内的事情。"相反，为保证交付给客户的货物数量正确、清晰，发货复核及发货组暂停了其他货物的装运，克服货物装载时间紧、场地有限等因素，主动协助客户卸货重新清点。在发货组卸货重新清点货物后，客户核对了数量，承认可能是因自己疏忽而少点了货物。于是，发货组又重新将货物装载紧密，交付给客户。

为确保客户利益，次日，华为的发货复核人员又多次联系客户核实货物情况。客户很愧疚地回复，在广州火车站清点后，发现还是少 6 件货，并请求援助。发货复核和发货组员工分析后认为客户清点存在问题，于是立即赶赴广州火车站协助客户再次清点。经过紧张细致的清点，复核人员在混乱的火车站台上找到了所有货物，也找到了客户漏清点的原因——将几件捆绑在一起的货物当成一件。最后，客户满意地离去了。

行动指南

对客户负责，不仅体现在圆满完成客户托付的任务上，还包括容忍、原谅，乃至承受客户的过错。

1月4日 大家与小家

任何时候、任何地点都不要做对不起祖国、对不起民族的事情。要关心时事，关心国家与民族的前途命运。提高自己的觉悟，但不要卷入任何政治漩涡，指点江山。公司不支持您，也不会保护您。公司坚持员工必须跟着社会潮流走。要承认只有共产党才能领导中国，否则就会陷入无政府主义。一个高速发展的经济社会，没有稳定，没有一个强有力的领导，陷入无政府主义状态是不可想象的。

——摘自《致新员工书》，1994年9月

背景分析

企业都面临着大环境与小环境，前者是指企业所在的国家、所处的社会，后者是指企业内部的环境。两个环境都很重要，企业家必须能够平衡两者的关系。任正非作为一名优秀的企业家，一名有着深厚的民族情感、强烈的爱国意识的企业领导人，他的政治意识非常强，热爱祖国、拥护共产党是他最基本的做人准则，也是他对公司员工的最基本要求。很难想象，一个连国家都背叛、连民族尊严都舍弃的人，会对企业带来什么样的危害。因此，任正非明确要求员工必须做到对祖国忠诚、对党的领导坚决拥护。虽然任正非对员工有这样的政治要求，但他又禁止员工参与政治事件。因为他很清楚，在商言商，商人的焦点是商业，企业家的焦点是经营与管理企业。华为人既要在政治大环境下与共产党保持高度一致，对国家和民族负责，又要在小环境中恪守自己的本分，安心经营。任正非撰写的这篇《致新员工书》，最早的版本是1994年，后来又经过了4次修订，充分显示了任正非对新员工培训的重视。

行动指南

时刻与社会主流价值观保持一致，这不单单是商人角色的需要，更是一个企业、一个人的生存技巧和处世原则。

1月6日 华为的追求

华为的追求是在电子信息领域实现顾客的梦想，并依靠点点滴滴、锲而不舍的艰苦追求，使我们成为世界级领先企业。

——摘自《华为的红旗到底能打多久》，1998年8月

背景分析

上述目标是任正非在向中国电信调研团汇报,以及在联通总部与处级以上干部座谈会上发言时提出来的,当时华为的产值为100亿元左右,员工人数为8000人左右。虽然企业规模已经不小,但距离世界领先企业的规模还差很远。小小的华为公司竟提出这样狂妄的口号,也许大家会觉得可笑,但正因为以这种目标为导向,华为才有了今天的成就。事实上,自成立以来,华为与国际行业巨头间的差距正在逐渐缩小。这一年华为的研发经费是8.8亿元,相当于IBM的1/60;这一年,华为的产值是IBM的1/65;华为的研发经费是朗讯的3.5%,产值是它的4%。差距虽然很大,但每年都在缩小。在任正非看来,若不树立企业发展的目标并以此为导向,就无法使客户建立起对华为的信赖,也无法使员工树立远大的奋斗目标和发扬脚踏实地的精神。

行动指南

理想要远大,行动要具体,任何远大而崇高的目标都是由点滴行动来实现的。做企业首先要抬头看路——看清楚方向,看得长远一些;同时,又要低头看脚下,踏踏实实做事情,一点点积累财富,一点点实现梦想。

1月9日 以客户价值为中心

我们必须以客户的价值观为导向,以客户满意度为标准,公司的一切行为都是以客户满意程度作为评价依据的。客户的价值观是通过统计、归纳、分析得出的,并通过与客户交流,最后得出确认结果,成为公司努力的方向。沿着这个方向我们就不会有大的错误,不会栽大的跟头。

——摘自《华为的红旗到底能打多久》,1998年8月

30多年来,华为一直坚持以客户的价值为中心,与客户建立了非常好的信任关系。虽然美国对我们进行了严厉的制裁,但这些运营商坚持买华为的东西。美国的力量很强

大,客户的信任更强大。

——摘自《与任正非咖啡对话》,2019年11月

背景分析

客户需求主要体现在三个方面:低价、优质和及时完善的服务。这既是客户最基本的价值判断,也是客户选择合作伙伴的标准。企业为能持续不断地满足客户的这种需求,就必须具有强大的价值创造能力。

20世纪90年代初期,郭士纳带领IBM扭转了逆境,使IBM从一家大型主机制造商,转变为同时提供硬件、网络及软件整体解决方案的供应商。新一任CEO彭明盛上任时,公司已经历了近10年励精图治的变革,此时的IBM已经摆脱了困境,正在稳健运营之中。公司的财务状况得到了巨大改善,业绩开始超过竞争对手。彭明盛以公司老的价值观为基础,提出了三条新的价值观,并最终确立了IBM公司的三条价值观:成就客户,创新为要,诚信负责。

华为在很多方面借鉴了IBM的价值观,包括成就客户的价值观,华为提出必须以客户的价值观为导向,与IBM提出的"成就客户"异曲同工,其核心都是满足客户的需求,从而实现公司价值。

从2018年开始,美国特朗普政府对华为的打压日益加大;2019年开始,则对华为发起了一系列的制裁。这些制裁显然使华为遭遇了前所未有的困难,包括华为无法继续从美国公司购买华为手机必需的高端芯片,无法向美国及欧洲多个国家出售5G设备等。

可以说,美国对华为的打压是直接而有效的。但任正非为什么说美国的力量很强大,客户的信任更强大?

这是因为华为一直秉承以客户为中心的理念。只要华为为客户提供了性价比高的产品,获得了客户的信任,华为就可以生存下来。相比美国的打压,客户对华为的理解和支持当然更重要。而华为30多年来形成的口碑、客户的信赖,是任正非的底气。

行动指南

必须深入了解客户的价值观,以此指引公司行为。企业被什么抛弃都没有太大问

题，只要不被客户抛弃。

1月10日 为全人类提供服务

华为的5G技术和工艺都可以许可转让给西方国家，许可别的国家也生产同等的设备，并在此基础上再研发。华为的理想是"为全人类提供服务，努力攀登科学高峰"，有更多人来一起完成，符合我们的价值观。任正非还称，5G是给予许可，不等于我们自己不做。对于6G研究，华为也是领先世界的，但是华为判断6G在10年以后才会开始投入使用。因此，转让技术不是前进的终结，华为获得资金以后会更大踏步前进。任正非最后强调，给予技术许可将是一次性付钱。

——摘自任正非接受《经济学人》采访纪要，2019年9月

背景分析

华为现已成为一家服务全球170多个国家和地区，超过30亿人口的超级企业。如此巨大的一家企业，存在的意义绝不只是赚钱，更多的意义其实是服务全人类。

在华为内部纪录片《华为是谁》第四集中，任正非就提到了这一点：华为价值体系的理想是为人类服务，不是为金钱服务。在纪录片中，华为表示将一直与客户在一起，保证通信畅通。

2019年以来，任正非密集地接受海内外著名媒体的采访，其中任正非多次表示，华为的理想是"为全人类提供服务，努力攀登科学高峰"。任正非在接受英国《经济学人》杂志采访时放话，有意向西方公司出售华为的5G技术，目的是制造一个能在5G上与华为竞争的对手。至于技术是不是可以许可转让给西方国家？任正非说："可以。不是部分，可以是全部。"

任正非带领之下的华为，就如同在利益纷争之下的一股清流，一直保持着本我。近几年来，中国、美国两个有影响力的大国之间的分歧与日俱增。以特朗普为首的美国政客正在带领美国向保守主义的方向前进。特朗普以维护"美国民众"的利益为由头，掀起了一股股反全球化浪潮。

在特朗普的概念里，美国这个曾经的世界警察，花费了太多美国纳税人的钱维护所谓的世界和平，这是美国民众的巨大损失。

特朗普呼吁美国资本、美国工业回到美国本土。总之，特朗普似乎要成为美国历史上最"务实"的总统——只关注美国人自身的现实利益，一切与美国人的现实利益无关的投资、武力部署等都要改变。

特朗普要自扫门前雪了。在这种逻辑下，全球化必然会受到打击。

但在任正非的观念里，全球化是大势所趋，是人类社会发展的必然要求。

任正非希望全世界的技术专家一起努力，建立起覆盖全人类的通信技术网络，这个网络可以跨越国界、政治、种族、宗教……构建真正的、技术上的大同世界。华为就是这种大同世界的推动者、实践者。

为此，华为不以利润作为主要追求目标，甚至可以为了人类技术的演进做出很多无偿的奉献。

在某种程度上，任正非的这个理想非常远大。任正非是一个真正的理想主义者，他非常清楚这种理想遭遇的现实问题，但他非常执着、非常理性。

可任正非有意，特朗普却无情。这个问题如何才能解呢？

行动指南

中国古人说，胸中无敌才是真的天下无敌。

1月12日 为用户服务是唯一理由

华为存在的唯一理由是为用户提供服务。

以顾客为导向是公司的基本方针，公司本着贴近客户的原则，在全国建有33个办事处和33个用户服务中心，与22个省管局建有合资公司，在莫斯科设立代表处，在其他国家和地区正在兴建合资工厂，在东欧10多个国家安装了设备，为中国香港地区提供了商业网、智能网和接入网。为了满足用户的要求，我们还会付出更大的努力。

——摘自《在北京市电信管理局和华为公司 C&C08 交换机设备签订仪式上的讲话》，1996 年 7 月

背景分析

2001 年，在《管理的实践》发表 47 年后，彼得·德鲁克再次强调企业的使命过去是、现在仍然是创造顾客。日本企业领袖松下幸之助则说："领导一万个人的时候，就只能靠上帝。"这个上帝就是服务于顾客的信仰。华为也秉承这样的理念，而且将之贯彻到底，这不但是华为的信条，更是众多华为人的做事风格。

2004 年 3 月 21 日早上，华为员工苗清从杭州开完会，在回深圳的火车上接到了网管中心 S 科长的紧急电话。原来，前晚华为某个系统升级可能造成厂商的短信设备工作异常，主要表现在发送成功率很低，已经造成客户的投诉。由于该厂商没有技术人员在现场，要求华为协助了解定位问题产生的原因。

苗清与服务经理下火车后立即赶往机房，华为的技术支持人员已经在设备机房现场。经过仔细测试，大家发现，问题产生的原因是该厂商的短信设备异常切换造成短信发送失败。S 科长一早赶过来，忙活了几个小时，还没有吃饭。问题检测出来了，大家本以为 S 科长会回家，她却说："既然来了就再工作半天，能多处理一些就多处理一些事情。"于是她继续坚持工作。

运营商要为客户提供高质量、不间断的通信服务，其承担的压力也会传递到华为这里，"想其所想，为其欲为"是华为人全方位提高客户满意度的一个有效的手段。

"想其所想"，就是在平时的维护中除了完成规定的基本工作之外，还要花时间去思考一下客户在想什么，这样想的理由或根源是什么，通过交流访谈、邮件、客户的维护制度、集团公司文件、上级考核要求等多种方式得到信息，以指导维护工作。

"为其欲为"，即通过努力来实现客户的想法。如何为客户网络的正常运营提供更好的服务、更安全的保障是每一位华为一线人员必须要仔细考虑的。两年多的时间里，华为的移动客服中心除升级外没有中断过业务，并且通过定制项目将客户需求的受理及满足有效管理起来。但客户的满意度还是不高，因为客户在去其他省参观时，看到很多基于 ICD3.0 平台的新客服业务，在自己这里的 ICD2.0 平台上无法实现。最终，客户选择了华为的 ICD3.0 平台及客服双中心方案，将客户业务中心想要做的事情都实现了，满意度得到了进一步提升。

但是，并非所有华为人都有那样的认识，都能达到上述要求。一段时间内，华为内部也有人把技术当作工作的出发点与归宿。因此，任正非不断强调贴近客户的原则，并在设置服务机构的时候，尽量在距离用户最近的地方设置。

行动指南

服务顾客不仅仅是信仰，更是实际行动；不仅仅是行动，更是全体员工高度自觉贯彻的行为准则。

1月13日 一切工作的魂

以什么为我们工作的纲，以什么为我们战略调整的方向呢？我们在经历长期艰难曲折的历程中，悟出了"以客户为中心，以奋斗者为本"的文化，这是我们一切工作的魂。我们要深刻地认识它，理解它。

——摘自《逐步加深理解"以客户为中心，以奋斗者为本"的企业文化——在市场部年中大会上的讲话》，2008年7月

背景分析

自1988年公司成立以来，华为人由于生存竞争压力，在工作中自觉或不自觉地树立了以客户为中心的价值观，应客户的需求开发一些产品，如接入服务器、商业网、校园网……成立初期，华为人就知道如果华为不以客户需求为中心，客户就不会买华为这家小公司的货，公司就无米下锅。虽然那时的华为人知道"以客户为中心，以奋斗者为本"这个道理，但并没有真正认识到它的重要性，没有把它作为唯一的原则。

20世纪90年代后期，华为摆脱了困境，自我价值开始膨胀，开始以自我为中心。那时的华为人常常对客户说，他们应该做什么、不做什么……华为有什么好东西，你们应该怎么用。例如，在中国市场上NGN（下一代网络，Next Generation Network）的初期选型时，华为曾以自己的技术路标反复去说服运营商，听不进运营商的需求，最后

导致被客户抛弃的残酷现实。

华为知道错了，在自我批判中整改，明确要以为客户提供有效服务作为工作的方向，作为价值评价的标尺，提出"不能为客户创造价值的部门为多余部门，不能为客户创造价值的流程为多余流程，不能为客户创造价值的人为多余的人"。华为也深刻地明白要为客户服务好，就要选拔优秀的员工，而且这些优秀的员工必须要不断努力，再接再厉；而要使这种奋斗精神可以持续发展，必须使奋斗者得到合理的回报，并保持长期的健康。

行动指南

客户就是市场，是企业竞争的唯一导向。"以客户为中心"，不仅仅是口号，而且是富有哲理的经营理念。落到企业实践当中，就是将企业所有的发展战略、愿景规划、管理模式、业务流程等，统统定位在能为客户创造更多价值的需求上。

"以奋斗者为本"是在"以人为本"基础上的一个更高要求。企业的发展离不开"奋斗者"兢兢业业的付出，因此，企业也要将发展成果与"奋斗者"分享，这种分享体现在对"奋斗者"物质与精神的双重肯定上。

1月14日 让听得见炮声的人来决策

我们后方配备的先进设备、优质资源，应该在前线一发现目标和机会时就能及时发挥作用，提供有效的支持，而不是拥有资源的人来指挥战争、拥兵自重。谁来呼唤炮火，应该让听得见炮声的人来决策。

——摘自《在销服体系奋斗颁奖大会上的讲话》，2009年1月

背景分析

在硝烟弥漫的伊拉克战场上，某军先头部队突然发现一个火力较强的"敌人"抵抗据点，该先头部队并没有直接与"敌人"对抗，而是通知后方部队发射导弹轰炸摧毁

"敌人"据点。

任正非从中得到一条新的领悟：要让听得见炮声的人来决策。他在 2009 年 1 月华为销服体系奋斗颁奖大会上的讲话，也传递了这个管理理念。

任正非严肃抨击了华为后方机关存在的一些不良现象，如不了解前线却拥有太多的权力与资源，设置了过多流程控制点且不愿意授权等。他明确提出：将指挥权放到听得到炮响的地方，把决策权根据授权规则授给一线团队，后方起保障作用；一切为前线着想，精简不必要的流程，精简不必要的人员，提高运行效率，为继续生存打好基础。

行动指南

"让听得见炮声的人来决策"就是将组织决策权下放。它一方面能从制度层面避免上级决策中可能存在的缺陷，杜绝决策者滥用权力；另一方面能唤起一线员工的主观能动性。

并不是所有企业家都赞同"让听得见炮声的人来决策"，因为这一理念不仅涉及了决策者个人管理风格的调整，还涉及了组织的机构改革等方面的问题。

决策者必须去听炮声是大家所认同的，但是否让前线"战士"进行决策，就需要具体问题具体分析了。

1月15日 奋斗的目的

我们奋斗的目的，主观上是为了自己和家人的幸福，客观上是为了国家和社会。主观上就是通过我们的努力奋斗，换来家人的幸福生活；客观上我们给国家交税，让国家用税收收入去关怀爱护其他的人。

——摘自《在销服体系奋斗大会上为家属颁奖的讲话》，2009 年 1 月

背景分析

截至 2009 年年初，华为的员工已有 8 万多人，员工身后的家庭人员多达几十万人。正是家人们的默默付出，才成就了华为人的奋斗，成就了华为的发展壮大。任正非坦承，华为给员工的家人奖励面太窄，希望每位员工春节回家能向家人表达真诚的热爱：给太太先生洗个脚，给爸爸妈妈洗个脚。

2009 年，一名华为刚派驻西非的产品经理描述道："来到海外后才切身体会到什么叫'宝剑锋从磨砺出，梅花香自苦寒来'。"他目睹并亲身感受到华为人是如何在贫困、恶劣、单调乏味、疟疾横行的工作环境下坚持工作，凭着惊人的吃苦耐劳精神和坚强的意志力，用辛勤的双手，做出优秀的工作业绩。

华为的海外员工如此艰苦奋斗，他们的家人过得怎么样？在一篇刚果代表处家属团的肯尼亚游记中我们能找到答案。文章中，编者这样写道："刚果代表处英雄的太太到世界顶级度假区马塞马拉度假，到刚果北部看金刚，在迪拜购物，去津巴布韦看世界第一大瀑布……英雄的家人们，为拓宽视野，为传播文明，在 130 多个国家的土地上留下快乐的足迹。"

华为人主观上为了自己与家人的幸福而努力，客观上为了国家、民族、公司去奋斗。这种主客观的统一，构成了华为人丰富多彩的奋斗人生。

行动指南

作为一名平凡的社会个体，爱国就从爱家人、爱同事、爱工作做起，多关怀身边人。一个个有爱的家，组成了一个强大有爱的国。如果一个国家、一个民族没有爱，就会纷争不断，就会崇尚专横和暴力。个人的努力奋斗，在主观上是为家人换来幸福生活，客观上则是努力为国家做贡献。个人创造的价值，能给家人带来幸福，能惠及这个国家其他有需要的人。

1月17日 不断优化

在市场竞争中，对手优化了，你不优化，留给你的就是死亡。思科在创新上的能力，爱立信在内部管理上的水平，我们现在还是远远赶不上的。我们要缩短这些差距，就必须持续地改良我们的管理，不缩短差距，客户就会抛离我们。

——摘自《在华为运作与交付体系奋斗表彰大会上的讲话》，1999年4月

背景分析

2009年3月17日，思科在全球推出一款革命性的数据中心架构，并发布了一系列的创新服务和一个由最佳合作伙伴所组成的开放生态系统。

爱立信公司在2008年裁员4000人，2009年裁员近6500人，在裁员的同时，爱立信又将数千名运营商纳入自己麾下。这体现了爱立信一个重要的战略转型：爱立信想成为电信服务市场的第一。

白热化的市场竞争和危机感强烈地刺激着任正非的神经。任正非向员工放出了"狠话"："对手优化了，你不优化，留给你的就是死亡。"任正非再一次将危机意识和压力传递给每一位员工，在他看来，华为的基石应该是"永远充满危机感的意识"。

行动指南

一位成功的企业领导人要具备对宏观环境的敏感和超乎常人的危机感。对于企业来说，树立危机意识，就是要不断创新，不断适应新形势，甚至具有超前的经营管理模式。

面对不断变化的因素，企业若没有足够重视，等问题全面爆发时，便无法适应新需求，最后落得个温水煮青蛙的下场。

1月18日 瞄准业界最佳

现在公司在产品发展方向和管理目标上，我们是瞄准业界最佳。现业界最佳是西门子、阿尔卡特、爱立信、诺基亚、贝尔实验室等，我们制定的产品和管理规划都要向它们靠拢，而且要跟随它们并超越它们。例如在智能网业务和一些新业务、新功能方面，我们的交换机已领先于西门子了，但在产品的稳定性、可靠性上，我们和西门子还有差距。

——摘自《华为的红旗到底能打多久》，1998年8月

背景分析

美国著名管理学专家迈克尔·波特认为，竞争优势归根结底来源于企业为客户创造的超过其成本的价值。价值是客户愿意支付的价钱，而超额价值产生于以低于对手的价格提供同等的效益，或者所提供的独特效益补偿了较高的成本而有所剩余。简单地说，就是让你的客户赚钱，而不是赔钱。

在迈克尔·波特看来，竞争优势有两种基本形式：成本领先和差异。竞争优势的发挥分为攻击型和防守型两种模式。某一产业中的竞争优势，可以通过与其相关产业内竞争的业务单元建立相互关系而大大加强，只要这些相互关系能真正建立起来。业务单元之间的相互关系，是多元化企业通过经营创造价值的主要方式，而且是构成企业总体战略的基础。

就华为来看，成本领先是最起码的竞争优势，这也是中国企业在近30年来最大的优势。但任正非更关心的显然是更高层次的优势，比如产品规划与设计、质量与服务、管理等，这是构筑一个国际级企业的基础支撑。此时的华为，基本上是一个单一行业的企业，但其产品覆盖的范围已经比较广泛，涉及的具体门类很多，除了原有的程控交换机、智能网外，华为还开发了光通信等大批新业务，这些业务的技术基础是华为的技术平台，在这个平台之上开发新的业务，很大程度上就是各种技术的新组合。这样就可以大大降低成本，提高研发效率，这就是波特所谓的产业内竞争的业务单元之间的相互关系，可以大大加强企业的竞争优势的道理所在。

> 行动指南

知道自己的优势很重要，但更重要的是知道对手的优势。

1月20日 奋斗精神

华为由于幼稚走上了电子信息产业这条路。当我们走上这条路，没有退路可走时，我们付出了高昂的代价，我们的高层领导为此牺牲了健康。后来的人也仍不断在消磨自己的生命，目的是达到业界最佳。沙特阿拉伯商务大臣来参观时，发现我们办公室柜子上都是床垫，然后他把他的所有随员都带进去，听我们解释这床垫是干什么用的，他认为一个国家要富裕起来就要有奋斗精神。奋斗需一代一代人的坚持不懈。

——摘自《华为的红旗到底能打多久》，1998年8月

> 背景分析

艰苦奋斗是任正非一直提倡并身体力行的行为准则，是华为创业成功的一大法宝，华为的创业史就是一部华为人的艰苦奋斗史。

1991年9月，华为租下了深圳宝安县蚝业村工业大厦二楼，决定集中全部资金和人力，开发生产华为品牌的新型用户程控交换机。此时，算上任正非等人在内，华为一共有50多名员工。大家把一层楼分隔为单板、电源、总测、准备四个工作区，仓库、厨房、宿舍也设在同层楼。宿舍很简陋，十几张床挨着墙一溜排开，床不够，用泡沫板加床垫代替。整层楼没有空调，只有吊扇，员工经常汗流浃背地工作。

条件虽然艰苦，但大家的干劲都很足，包括领导在内，实在太累了就趴在桌上，或在地上找张泡沫板、纸板，席地而卧，醒来接着干。有时睡到半夜，突然来车到货，无论是很重的蓄电池，还是机柜，大家都立即起来，卸完再睡。大多数人以此为家，领料、焊接、组装、调试、质检、包装、吃饭、上厕所，一直到睡觉，都在这一层楼上。

除了到外协厂及公司总部，不少人一连几天都不下楼，有时候连外面天晴天阴，有没有下雨都不知道。

据一名经历了这段创业生活的老华为人回忆，当时人手紧张，都是一个人做多个职位，当时没有包装工段，也没有搬运及包装临时工，设备测好后，临时叫上在场的几个人，不分工人、工段长还是经理，也不分是大专、本科毕业还是硕士、博士，一起包纸箱，装入木箱再钉上边角铁，然后四五个人一起抬起机柜箱，装车发货。当时有一名新进公司的硕士，第一天上班就打包，手指被铁皮划破，鲜血喷出来，用止血胶布简单包扎后再接着干。

在经历了最艰苦的创业阶段后，任正非也没有忘记艰苦奋斗，他时刻提醒所有华为人，要牢记艰苦奋斗，身体力行艰苦奋斗。

行动指南

一个不懂得艰苦奋斗、不实践艰苦奋斗的团队，注定是失败的团队。

1月22日 认真和美国企业合作

制裁华为只是美国少数人的意见，他们不代表全美国人民，不代表美国的企业。我们和美国企业的合作是很认真的，是真诚与美国科技界、美国企业……加强合作。网上科技论文非常多，论文是全世界公开的，我们也去读一读。

——摘自任正非接受《南华早报》总编辑采访，2019年5月

背景分析

2019年5月下旬开始，在特朗普政府的指令下，部分美国企业先后终止了与华为的合作。2020年，美国政府针对华为的限制更加严厉，限制范围更广了。但任正非依然多次表示，这不能怪美国企业，因为美国是一个法治国家，企业必须遵守当地政府的指令，要怪只能怪美国的政客。

任正非把美国企业界与美国政府分开来看，是一种尊重客观事实的态度，更体现了一种开放、开阔的心胸。这也是一种更高的智慧，因为将美国企业与美国政府区别开来，这既尊重了美国政治经济界的客观现实，还容易赢得美国企业界的同情和认同，最终在美国内部形成华为的同盟军。

显然，在打压华为方面，美国内部并非铁板一块。

特朗普政府对华为乃至对中国的强硬政策在美国并没有获得全体美国人的支持，而特朗普政府的反对派更从竞争的角度，对特朗普的很多施政方针进行抨击。很多与华为有多年商业往来的美国企业，更不希望华为遭遇打压，从而导致华为无法采购自己的核心部件，因为这些美国企业生产出来的产品，包括高端芯片，只有卖出去才能赚钱，至于卖给谁并不是它们关心的事情。华为作为高通等美国高端芯片制造商的长期采购大户，每年给这些美国企业贡献了几百亿美元的采购额。哪家企业不希望客户多采购自己的产品呢？所以，这些企业内心很大程度上是不认同特朗普政府对华为的制裁政策的。

任正非对美国企业的这些心理非常清楚，所以将特朗普政府与美国企业以及其他利益群体区隔开来，在一定程度上孤立了特朗普政府。

行动指南

面对强大的对手，分化瓦解其内部很值得尝试。

1月23日 决不和美国人拼刺刀

美国今天把我们从北坡往下打，我们顺着雪往下滑一点，再起来爬坡。但是总有一天，两军会爬到山顶。这时我们决不会和美国人"拼刺刀"，我们会去拥抱，我们欢呼，为人类数字化、信息化服务胜利大会师，多种标准胜利会师（而欢呼），我们的理想是为人类服务，不是为了赚钱，也不是为了消灭别人。

——任正非接受央视《面对面》专访，2019年5月

背景分析

华为在世界电信与 IT 技术的"喜马拉雅"最高峰攀登,尽管困难重重,但终有一天会登顶,与传统的引领者比如美国公司遭遇。遭遇之后,华为该怎么办?任正非说,华为决不会和美国人拼刺刀。

任正非等华为管理层对来自美国的压力早有预期。华为将自己向世界技术最高峰和世界行业领导者攀登的过程,比喻为从北坡攀登喜马拉雅最高峰。

攀登喜马拉雅最高峰,一般都是选择南坡。因为南坡是传统路线,坡度比较平缓,而且温度相对比较高,南坡的登山路线是非常成熟的,供给等保障体系也非常完善;而北坡非常寒冷、陡峭,补给等支援系统等都跟不上。因此,从北坡攀登的难度更大。但华为恰恰选择的是北坡路线。因为华为的基础很差,没有良好的装备,只能选择别人不愿意走的路线前进。

任正非 2019 年在对话美国著名计算机科学家杰瑞·卡普兰和英国皇家工程院院士彼得·柯克伦的时候说,华为与西方公司在技术的"喜马拉雅"最高峰遭遇的时候,华为肯定是输家,华为拼不过它们。因为这些西方发达国家的公司爬南坡的时候是带着牛肉、罐头、咖啡在爬坡,这些西方国家的装备精良、保障条件非常好;而从北坡攀登的华为,只是背着干粮,在条件非常简陋的情况下攀登。

这种情况下,华为与美国硬碰硬显然不太理智。

行动指南

好汉不吃眼前亏。斗争需要勇气,更需要智慧。

1月25日 防止封闭,开放才有未来

华为要广泛吸收世界电子信息领域的最新研究成果,虚心向国内外优秀企业学习,开放合作地发展领先的核心技术体系,用我们卓越的产品自立于世界通信列强之林。

——《华为基本法》核心价值观第三条,1998 年 3 月

华为要防止封闭，一定要开放。在机器学习领域，一定有很多学习软件大大地超越华为，会有很多很多人做出好的东西来，华为就和这些最好的厂家合作。这边掺进一块美国砖，那边再用一块欧洲砖、一块日本砖，万里长城，不管砖是谁的，能打胜仗就行了，不要什么砖都自己造。

——摘自任正非与华为"2012诺亚方舟实验室"专家展开座谈，2012年9月

背景分析

关于要开放、要向外部学习，30多年来，任正非提出过很多次。华为的开放合作表现在很多方面。技术上的开放合作：与很多国外公司，包括同行、对手合作，相互购买、使用对方的先进技术；广泛吸纳世界范围内的优秀人才，不限国界、不限种族。文化上的开放：尊重和包容不同国籍、不同文化背景的员工的信仰、生活习俗、工作习惯等。

任正非的这句话是从华为的发展实践中总结出来的，开放学习是华为过去30多年成就的重要保证。

在任正非看来，美国200多年来，从一个很弱小的国家变成世界第一大国，靠的就是开放。华为要向美国人学习开放，用广阔的心胸融入这个世界，这样才会有未来。

信息产业进步很快。昨天的优势，今天可能荡然无存，世界天天都在发生技术革命。

华为一直在坚定不移地提升自己的核心竞争力，但如果没有开放合作，这是不可能实现的。华为知道自己的实力不足，因此需要在开放合作的基础上，不断强化自己在核心领域的领先能力。

做企业不能过于狭隘，开放学习才是正道。

行动指南

开放学习的潜台词是不可固步自封，不能骄傲自满，不能妄自尊大，不能以自我为中心。要做到这一点就要承认，世界上有比我们强大和先进的东西，要敢于承认自己的弱点，要勇于接纳新的技术和新的事物。

1月26日 拥抱挑战

专心做好自己的事情，不怨天尤人，尊重现实，热爱挑战，拥抱挑战，对我们每个员工更是如此。我们每个人自身背景不同，素质不同，潜力不同，但同样幸运的是我们遇到了这个时代，我们选择了IT行业，也在亲身经历着华为高速成长的时期，脚踏实地而非好高骛远，少些激扬文字、挥斥方遒或愤青心态，多些低调务实、持之以恒，这就是动物法则告诉我们的朴素而伟大的真理。

——摘自《专心做好自己的事》，2008年1月

背景分析

2006年6月，巴西最大的移动运营商VIVO决定在原有的CDMA网络基础上，快速再建设一张全巴西范围内"面向UMTS的GSM网络"。这张面向巴西全境的GSM网络，是近几年拉美最大规模的GSM建设项目，吸引了全球运营商和设备商的眼球。6月24日，VIVO向全球8家GSM设备厂商正式发出标书，华为作为增长最快的GSM设备商，被邀请成为参与者之一。

投标开始了。客户常常晚上8点做好标书，要华为第二天早上8点就交标，白天必须随时准备在规定时间里回答客户需要澄清的问题；客户对标书任何一次的更改，都需要各个部门重新计算并形成新的标书，标书从V1.0到V10，到VX……由于VIVO是西班牙Telefonica和葡萄牙电信的合资公司，项目组需要同时跟Telefonica、葡萄牙电信公司以及巴西VIVO的技术团队、采购团队沟通。不仅如此，还要能够随时参加在葡萄牙、西班牙、巴西的现场澄清会议，同时还要及时和公司总部进行汇报和沟通。时差和四个地域的客观条件，要求大家必须保持着24小时工作状态。

从第一轮投标到多轮投标，不断有供应商因为不能满足标书要求而被淘汰。7月18日早上8点，华为项目组在交出了最后一轮标书之后，成员都静静地等在办公室。

早上10点，好消息终于来了，华为赢得了巴西里约热内卢、圣埃斯皮里图、巴拉那、圣卡塔林纳、南大河等5个州的GSM项目。

其实，这高强度竞争的一幕，不过是华为经常上演的场景。在多年来的快速发展中，华为人一直以敢于面对挑战著称。

> 行动指南

是否敢于迎接挑战，是否能够在挑战中获得胜利，是评价一家公司是否能够发展的重要标准。

1月27日 实现共赢，而不是一枝独秀

华为20多年来，从最初的一个孤独的"农民"，走在一条曲曲弯弯的田间小路上，像当年的堂·吉诃德一样封闭，手拿长矛，单打独斗，跌跌撞撞地走到今天。当我们打开眼界一看，我们已经不得不改变自己长期的封闭自我的方式。以前华为跟别的公司合作，一两年后，华为就把这些公司吃了或甩了。这是"黑寡妇"的做法（黑寡妇是一种毒蜘蛛）。今天，我们要改变这个现状，要开放、合作、实现共赢。我们要保持"深淘滩、低作堰"的态度，多把困难留给自己，多把利益让给别人。多栽花少栽刺，多些朋友，少些"敌人"。团结越来越多的人一起做事，实现共赢，而不是一枝独秀。

——摘自《华为云计算发布会上的讲话》，2010年11月

> 背景分析

2006年6月6日，华为收购了港湾网络有限公司的大部分资产与业务。港湾网络有限公司由华为重臣李一男创办，仅花了短短几年时间便成为华为在企业级数据通信市场的主要对手之一。现实最终没有让李一男的神话成真，港湾网络有限公司最终还是被华为收编了。任正非对华为与港湾之间的故事如是说："你们的回归对中国科技史是一项贡献。不一定会说你们输了，我们赢了，应该说我们双方都赢了。"

思科CEO约翰·钱伯斯在2012年4月6日称，他将华为视为思科最难以对付的竞争对手，并表示华为在知识产权保护和电脑安全等领域"不总是按游戏规则"出牌。

为此，华为轮值 CEO 徐直军称，自己并未将思科视为竞争对手，因为与他们竞争的业务只占据我们业务营收的很小一部分。

行动指南

在当今时代，"合作""共赢"已日渐成为行业间、企业间的发展共识。一个缺乏合作精神的人或企业，难以有建树，难以在激烈的竞争中立于不败之地。从一定程度上来说，帮助别人就是在帮助自己，合则共存，分则俱损。

1月29日 使命感和责任感

我们既重视有社会责任感的人，也支持有个人成就感的人。什么叫社会责任感？什么叫个人成就感？"先天下之忧而忧，后天下之乐而乐"，这是政治家的社会责任感，我们所讲的社会责任感是狭义的，是指对我们企业目标的实现有强烈的使命感和责任感，以实现公司目标为中心、为导向，去向周边提供更多更好的服务。还有许多人有强烈的个人成就感，我们也支持。

我们既要把社会责任感强烈的人培养成领袖，又要把个人成就感强烈的人培养成英雄，没有英雄，企业就没有活力，没有希望，所以我们既需要领袖，也需要英雄。但我们不能让英雄没有经过社会责任感的改造就进入公司高层，因为他们一进入高层，将很可能导致公司内部产生矛盾和分裂。因此，领导者的责任就是要使自己的部下成为英雄，而自己成为领袖。

——摘自《全心全意对产品负责，全心全意为客户服务》，1998 年 9 月

区别社会责任感（狭义）与个人成就欲望，给予疏导，发挥积极的推动作用，选择有社会责任感的人成为管理者，让有个人成就欲望者成为英雄、模范。

——摘自《华为的红旗到底能打多久》，1998 年 8 月

> 背景分析

美国亚洲研究所曾经出台了一份特别报告——《中国入世后的技术政策：标准、软件及技术民族主义实质之变化》，提出"新技术民族主义"的概念。这一报告将标准问题当作一个民族利益的问题在讨论，而没有从标准作为全球秩序、作为公共品应该如何构建这个层次来讨论；将中国制定标准，简单理解为中国采用技术，利用全球化规则追逐自己的民族利益，尤其简化为中国利益与美国利益的冲突。

"新技术民族主义"仅仅从利益的分配角度看问题，认为中国的技术政策是基于民族主义立场制定的。这种论调显然存在着巨大的误区，但也警示我们，从全球范围看，国家之间始终存在着利益争夺，即使是远离政治的技术领域，也有可能成为政治斗争的砝码与手段。

在这种背景下，作为一国的企业，肯定要为自己的国家争取利益，维护祖国的尊严。要做到这一点，企业人就必须有强烈的社会责任感，要能够顾全大局，有战略眼光。这是一个成功的企业领袖所必须具备的素质。

华为成为国际电信行业举足轻重的品牌之后，经常会遇到涉及国家、民族利益的问题，尽管华为要成为一家国际化的企业，但这一目标与维护祖国的利益并不矛盾。因此任正非提出，华为的管理者必须有社会责任感，否则就只能成为英雄、模范，而不能成为领导者。

> 行动指南

分辨优秀员工与管理者的标准其实很简单，尤其是在大是大非的处理上，只有顾全大局、有高度社会责任感的人，才能够成为管理者。

1月30日 不冒险才是最大的风险

华为自始至终以实现客户的价值观为经营管理的理念，围绕这个中心，为提升企业核心竞争力，进行不懈的技术创新与管理创新。在实践中我们体会到，不冒风险才是企业最大的风险。只有不断地创新,才能持续提高企业的核心竞争力;只有提高核心竞争力,才能在技术日新月异、竞争日趋激烈的社会中生存下去。

——摘自《创新是华为发展的不竭动力》,2000年7月

背景分析

回顾华为的发展史,我们可以清晰地看到,任正非在关键时刻总是采取孤注一掷的策略,选择背水一战。

1991年,华为遭遇了企业成立以来最艰难的时期,由于借贷十分困难,到账的订货合同预付款被全部投入生产和研发中。华为开始了第一次"赌",用之前代理销售积累的资金和众多预付款做研发,任正非要打一个时间差——在发货的最后期限到来之前,开发出华为自己的程控交换机。

为了保证研发投入,所有人员的工资都不高,无论文凭高低,月工资仅几百元,也没有什么补贴,更不计加班费。即使这样,1991年的华为现金流依然非常紧张。眼看交货日期临近,产品还没有生产出来,全国各地已经预订华为交换机的客户的催货电话、电报、传真不断。如果产品研制不成功,后果将不堪设想。所有人都感到了前所未有的压力。公司领导几乎每天都来检查生产及开发的进度,询问原材料到货情况,或开会研究面临的困难与分工。

最后,1991年收到的订货预付款也已经全部用完了,公司账上已没有什么资金了,再发不出货,公司将面临破产的命运。可是,天不负华为。

1991年12月,华为研制的程控交换机终于通过了全部基本功能测试,高温及链路老化测试整机性能稳定,电话打出与接入畅通、音质良好。

1991年12月2日,3台BH-03(24/224)华为程控交换机作为第一批华为自主生产的产品出厂,产值100万元。这一次破釜沉舟的胜利,成为华为创业崛起之路上关键的一步。

1992年,华为产品开始大批出厂,产值突破1.2亿元,利润上千万元,为华为在1993年研制生产出C&C08万门数字程控交换机积累了经验、奠定了基础。

行动指南

在必要的时候,破釜沉舟也许是最好的办法。

2月 企业文化：人定胜天

2月1日 企业文化

企业文化表现为企业一系列的基本价值判断或价值主张，企业文化不是宣传口号，它必须根植于企业的组织、流程、制度、政策、员工的思维模式和行为模式之中。多年来华为一直强调：资源是会枯竭的，唯有文化才会生生不息。一切工业产品都是人类智慧创造的。

华为没有可以依存的自然资源，唯有在人的头脑中"挖掘"出大油田、大森林、大煤矿……精神是可以转化为物质的，物质文明有利于巩固精神文明。我们坚持以精神文明促进物质文明的方针。这里的文化，不仅包含了知识、技术、管理、情操……也包含了一切促进生产力发展的无形因素。

华为文化承载了华为的核心价值观，使得华为的客户需求导向的战略，能够层层分解并融入所有员工的每项工作之中。不断强化"为客户服务是华为生存的唯一理由"，并使其深入人心，提升了员工的客户服务意识。通过强化以责任结果为导向的价值评价体系和良好的激励机制，使得我们所有的目标都以客户需求为导向，通过一系列的流程化的组织结构和规范化的操作规程来保证满足客户需求。由此形成了静水潜流的基于客户导向的高绩效企业文化。华为文化的特征就是服务文化，全心全意为客户服务的文化。

——摘自《华为公司的核心价值观》，2010年5月

背景分析

从1996年年初开始，华为公司开展了《华为基本法》的起草活动。《华为基本法》总结、提升了公司成功的管理经验，确定华为二次创业的观念、战略、方针和基本政策，构筑公司未来发展的宏伟架构。华为人依照国际标准建设公司管理系统，不遗余力地进行人力资源的开发与利用，强化内部管理，致力于制度创新，优化公司形象，极力拓展市场，建立具有华为特色的企业文化。华为的企业文化的核心部分可以被概括为：团结协作和艰苦奋斗。在任正非看来，能力再强的人，如果没有团队精神，只会单打独斗，那么他在华为也是不会有前途的。

行动指南

每个企业都有自己的企业文化，小胜在智，大胜在德。

2月2日 以自己为中心迟早要灭亡

当华为逐步走到领先位置上，承担起引领发展的责任，不能以自己为中心，不能以保护自己建立规则。我们要向3GPP等世界组织学习，建立开放的架构，促使数万公司一同服务信息社会，以公正的秩序引领世界前进。

没有开放合作，华为担负不起为人类信息社会服务的责任，所以华为要像3GPP一样开放，像苹果、谷歌一样连接数十万合作伙伴，持续建设和谐的商业生态环境。以自己为中心迟早是要灭亡的。

——摘自任正非在市场工作大会上的讲话，2019年

背景分析

3GPP 成立于 1998 年 12 月,这个电信标准组织伙伴签署《第三代伙伴计划协议》,目前独立成员有 550 多家,此外,3GPP 还有 TD-SCDMA 产业联盟(TDIA)、TD-SCDMA 论坛、CDMA 发展组织(CDG)等 13 个市场伙伴(MRP)。

3GPP 超越了国界、政治、宗教、文化的桎梏,成为世界性的行业组织。这与其成员组织之间相互妥协、寻求最大公约数,最终形成相对稳定的组织架构有直接关系。而这样的组织里,所有成员之间都是平等关系,没有显著的中心。

未来,随着信息社会的发展,去中心化日益显著,大量组织以及组织内部很难再形成单一的中心,强权时代正在远去。这就要求组织内部各个单元之间必须相互接纳、相互融合、相互开放、相互尊重。

因此,在美国特朗普咄咄逼人的时候,任正非依旧清醒地认识到,一个市场,不可能一家独大,面向 5G,需要全球创新。对华为来说,维护一个多方共赢的开放生态链,比闭门造车更为重要。固步自封、排斥合作只是暂时的,开放、合作、共赢才是人类社会发展的常态。技术发展如此,社会也是如此。

行动指南

绝对权威的时代正在过去,绝对"中心"也将消解。

2月4日 敢于承认不足

我们首先要肯定美国在科学技术上的深度和广度,这些都是值得我们学习的,特别是美国一些小公司的产品是超级尖端的,我们还有很多欠缺的地方。我们仅仅是聚焦在自己的行业上,做到了现在的领先,而不是对准美国的国家水平。就我们公司和个别的企业比,我们认为已经没有多少差距了;但就我们国家整体和美国比,差距还很大。

——摘自任正非接受多家中国媒体采访全程纪要,2019 年

背景分析

任正非 1992 年第一次到美国考察，此后他又多次去美国。美国在环保、教育、科技、管理、电影等领域的成就，让任正非印象深刻。任正非后来对媒体说："美国人踏踏实实、十分专一的认真精神，精益求精的工作作风，毫无保守的学术风气，确实是值得我们学习的。"他还指出："纽约是美国最大、最繁荣，也是最脏、社会秩序最不好的城市，但秩序还是比我们深圳好得多。"

尽管中国的综合国力在这 30 年来大大提升了，但与美国相比，综合差距还是比较大的，承认这一事实才有利于进步。

行动指南

承认差距并不可耻，盲目自大才是最愚蠢的。

2月5日 坚守一亩三分地

华为敢于将鸡蛋放在一个篮子里，把活下去的希望全部集中到一点上。

——任正非在《人民日报》发表的文章《创新发展的不竭动力》，2000 年 7 月

华为聚焦于通信及信息技术产业。

……

我们坚持"压强原则"，在成功关键因素和选定的战略生长点上，以超过主要竞争对手的强度配置资源，要么不做，要做就要极大地集中人力、物力和财力，实现重点突破。在资源的分配上，应努力消除资源合理配置与有效利用的障碍。我们认识到对人、财、物这三种关键资源的分配，首先是对优秀人才的分配。我们的方针是使最优秀的人拥有充分的职权和必要的资源去实现分派给他们的任务。

——摘自《华为基本法》，1998 年 3 月

背景分析

2019年，华为营收近9000亿元，很多人欢呼，觉得华为的销售规模已经很大了。近9000亿元，的确不少了，但如果华为稍微灵活一点，华为的营收应该是这个数字的好多倍，过万亿绝不是梦想。

比如，华为有19万员工，如果华为做房地产，是有先天优势的，至少公司内部就有一股强大的购买力量。而依靠华为的金字招牌，华为在全国各地做工业地产、住宅地产，有哪个地方政府不欢呼雀跃？

过去30年，尤其是过去20年，可谓中国房地产业的黄金时期，很多地产商赚得盆满钵满。如果华为当时拿出几个亿做地产，到今天，或许年销售额可以突破几万亿了。

华为2019年的销售收入近9000亿元，如果加上上下游、周边产业，华为整个产业链条涉及的资金估计有2万亿元之多。这不是一个进入金融产业的好机会吗？如果华为进入金融领域，或许就成了另外一个金融大鳄。

从上述角度看，在经营上，华为是有些保守的，这也让华为丧失了许多发展的机遇。但如果那样做，华为可能已经不是今天的华为了，也不可能有今天的成就。

专注，让华为丧失了很多可以做得更大的机会，但专注也成就了华为。

行动指南

专注做好一件事，做好自己的主业，才是化解风险的最好办法。

2月7日 后发式追赶

宝马追不追得上特斯拉，这是一段时间里我们公司内部争辩的一个问题。多数人都认为特斯拉依靠颠覆式创新会超越宝马，我支持宝马不断地改进自己、开放自己，宝马也能学习特斯拉的。汽车有几个要素：驱动、智能驾驶（如电子地图、自动换挡、自动防撞、直至无人驾驶等）、机械磨损、安全舒适。后两项宝马居优势，前两项只要宝马不封闭保守，是可以追上来的。

——摘自任正非在"2013年度干部工作会议"上的内部讲话，2013年2月

背景分析

企业创新无外乎基于原有业务的创新，以及另起炉灶的创新。这些年来，一些外行颠覆内行的案例层出不穷，比如滴滴颠覆了传统的出租车行业。华为内部对此也进行了很多讨论，其中一个话题是，华为的创新路径究竟是什么？如果说，外行颠覆内行是信息社会的重要现象，那么，华为是否需要跨界？

任正非给出的答案是，华为应该基于现有业务进行创新。他举了宝马创新的例子，并认为，宝马完全有可能在汽车制造领域进行系列创新，引领潮流。华为在瞬息万变、不断涌现颠覆性创新的信息社会中，也应该基于原有的优势业务进行创新。

华为用了30多年的时间建立起了优质的平台，拥有一定的资源。过去所有失败的项目、淘汰的产品，其实就是浪费，但没有浪费，就没有今天的成就。只要华为不固步自封，敢于打破自己既得的坛坛罐罐，敢于去拥抱新事物，就不一定会落后。当发现一个战略机会点，华为可以千军万马压上去，进行后发式追赶。任正非认为，华为要敢于用投资的方式，而不仅仅是以人力的方式，把资源堆上去，这就是大公司和小公司创新不一样的地方。

行动指南

信息时代，大公司的平台、资本等综合优势，强化了其在某些项目上作为后来者的创新优势。

2月8日 禁止消磨意志的活动

一个高科技产业,没有文化是不行的。业余时间可安排一些休闲活动,但还是要有计划地读些书。不要搞不正当的娱乐活动,绝对禁止打麻将之类的消磨意志的活动。为了您成为一个高尚的人、受人尊重的人,望您自律。

——摘自《致新员工书》,1994年9月

背景分析

每个企业的员工都有自己的业余活动,这也是一种文化,如:有的企业的员工业余时间喜欢喝茶聊天,聚集在一起打麻将;有的企业员工下班或者周末喜欢在一块儿唱KTV。但华为人的业余活动却与众不同,据华为员工透露,他们在工作之余的乐趣是:晚上加班饿了,大家就到公司旁边的小餐馆一坐,点上几碟便宜的小菜,再来上一碗面条,多数情况下,总是工资较高的领导买单;工作累了,拿出办公桌下面的床垫睡上一觉;业余时间,大家还会经常一起租个场地踢场足球,包一个电影院看场电影。在任正非看来,业余活动是调节、放松,是为了更好地投入工作,而不是放纵自己,让自己沉迷于低级趣味之中。

行动指南

业余活动是企业文化的一个侧面,也必须受到重视。

2月9日 "烧不死的鸟就是凤凰"

人的才华的外部培养相对而言是比较快的,而人的品德的内部修炼是十分艰难的。他们(一线员工)是我们事业的宝贵财富、中坚力量,各级干部要多培养、帮助他们，提供更多的机会。我们在大发展的时候，多么缺乏一群像他们那样久经考验的干部。

"烧不死的鸟就是凤凰"。有些火烧的时间短一些，有些火要烧得久一些；有些是"文火"，有些是"旺火"。它是华为人面对困难和挫折的价值观，也是华为挑选干部的价值标准。

——摘自《不要忘记英雄》，1997年1月

背景分析

毛生江进华为后做产品开发，不久便担任了华为拳头产品08机的开发项目经理，参加了第一台08机的开发。1994年，华为市场部集体大辞职，华为干部能上能下、打造职业管理队伍和制度化让贤的序幕被拉开。辞职意味着可能降职、降薪、地位更换，意味着离开自己熟悉的岗位，从头做起，从头学起，也意味着将有被淘汰出局的可能，那是一种脱胎换骨般的新生阵痛。

经过短暂的阵痛后，毛生江别妻离子，全身心投入到山东市场的开拓上。山东是华为的传统市场，市场容量及潜力都十分可观。然而，由于通信市场的竞争日趋残酷，特别是个别厂家使用非常规手段进行低价倾销，华为在山东市场上的推进十分缓慢。如何变被动为主动，将团队塑造成一个进退有形、富有战斗力的集体？如何营造一种团结进取的组织氛围？毛生江一到达山东代表处，便在脑子里筹划这件紧要的事。他知道：一个强有力的团队必然能克服眼前的重重困难。于是他通过多次召开民主生活会，引导大家开展自我批评，改进不足，又针对具体项目，进行项目分析会和定期的工作例会，并按需组织培训，坚持不懈地推行新员工思想导师制。

山东一线员工在毛生江的带领下，面对一个又一个困难，承受着一次又一次被磨砺的痛苦。1999年，山东代表处实现市场格局均衡化，取得了骄人的业绩：销售目标比1998年增长50%，总销售额达9.3亿元，回款接近90%。2000年1月18日，毛生江被任命为公司执行副总裁。

任正非后来总结这个事情的时候说，"烧不死的鸟就是凤凰"。他认为，毛生江经历职业磨难，获得了新生，值得所有华为人学习。

行动指南

只有经历了重大挫折的人，才有资格担任领导。

2月11日 诚信是立身之本

诚信是个人的立身之本，古代圣贤对此早就有深刻的认识。孔子告诫我们"主忠信"，意思是为人处世必须以忠信为主。看到欧美国家建立的诚信社会，市场经济高度发达，跨国企业基业长青，人民安居乐业，我们与其临渊羡鱼，不如退而结网，从自身做起。整个社会变得诚信是一个长期的过程，但是我们自身做到诚信则是相对容易的，让我们行动起来，以最高的职业道德来约束自己，做一个诚实而正直的职业人！

——摘自《诚信从我做起》，1998年9月

背景分析

当年有华为员工到美国西海岸城市洛杉矶出差，发现在洛杉矶坐地铁，买票全部运用自助式机器，站内除了地铁司机以外，看不到一个乘务人员，没有任何入站检票口，也没有任何出站检票口，买什么票，多少钱的票，坐到哪个地方下车，全凭自觉。在酒店结账的时候，服务员并不会先去检查房间，只有前台会问一下你有没有消费饮料，然后马上就可以结账走人。在凤凰城机场取行李时，华为员工又发现取行李的地方是公共的，每个人拿了自己的行李就走了，没有人监督检查。这些给华为人上了一堂生动的诚信教育课。华为公司也一直提倡诚实、守信。

行动指南

怀疑和不信任是真正的成本之源。管理者与员工之间级别上的差异、心理上的距离以及互不信任直接导致了员工压抑的心理。除此之外，怀疑和不信任还打击了员工的积极性，阻碍了创新。

2月13日 发展自己

不管社会上怎么攻击我们，我们从不解释，因为我们没有工夫，我们的重心是建设自己。

——摘自《在秘书座谈会上的讲话》，1997年2月

背景分析

世界上没有完美的人，也没有完美的企业，华为当然也不例外。虽然华为取得了一个又一个的成功，但是外界对华为的质疑和批评从来没有停止过。与很多民营企业一样，华为经常被人问及其原罪(original sin)问题。原罪一词来自基督教，《圣经》中称人有两种罪——原罪与本罪，原罪是始祖犯罪所遗留的罪性与恶根，本罪是各人今生所犯的罪。原罪论是基督教的重要神学命题之一，这种"罪"与生俱来、洗脱不掉，故被称为"原罪"。在一般意义上，民营企业的原罪是指民营企业在创立过程中不规范的，甚至违反法律规定的做法。国内学界对民营企业所谓的原罪有两种截然不同的观点：一种认为应该被宽恕，因为在特殊的历史时期，民营企业为了生存和发展，采取一些非常手段，应该被理解和容忍；一种认为，应该追究原罪，让相关人士承担法律责任。

华为也曾经遭遇了这样的"原罪"质疑，主要是针对其发展初期的营销策略以及全员持股等问题。境内外的传媒界也有一些不利于华为的报道和言论，比如在IT泡沫破灭的时候，有报道称华为即将破产了，更有国外个别媒体别有用心地称华为有军方背景。近年来，也有一些管理界人士质疑任正非的管理过于强势。2006年华为员工胡新宇去世，则又引发了社会各界对华为管理模式的质疑。对于外界的质疑，任正非选择了沉默，他劝告所有华为人，要专心做好自己的事情，不要答理那些没有缘由的质疑。任正非是典型的用事实说话的人。

行动指南

本分、低调是任正非及华为的一贯作风。

2月14日 奉献精神

我们坚定不移地反对富裕起来以后的道德滑坡，以及庸俗的贪婪与腐败等现象，不管他职务高低。我们要重塑新时代的民族精神，为伟大祖国的振兴而贡献青春与年华。

——摘自《不要忘记英雄》，1997年1月

背景分析

近年来，在物质比较丰富以后，某些人的道德观开始滑坡，任正非希望华为人能够抵御住各种诱惑，保持基本的道德底线和高尚情操。这与任正非本人强烈的爱国主义精神和民族情结有关。

任正非反复强调，华为的成功是一代又一代的华为人通过艰苦奋斗换来的，很多人为此牺牲了休息，牺牲了亲情，甚至牺牲了健康。就是因为成功是来之不易的，所以任正非反复强调华为人要发扬艰苦奋斗的精神，反对任何腐化堕落的行为，甚至不允许开展那些会消磨意志的不健康的娱乐活动。

行动指南

生于忧患，死于安乐。

2月16日 认同企业文化

不认可华为企业文化、不能认同我们价值评价体系的员工，就不可能在华为工作，这已为广大员工认同。

——摘自《自强不息，荣辱与共，促进管理的进步》，1997年7月

背景分析

现任教于瑞士圣加仑大学、奥地利因斯布鲁克大学和维也纳经济大学的欧洲管理学大师弗洛蒙德·马里克（Fredmund Malik）认为，有效的经理人或真正的领导给人们分配任务的时候，应该清楚地说明该项任务的意义。意义是最关键的因素，是最持久和最有效的激励因子，与之相比，其他任何东西都显得不重要。他主张，最重要的是给予人们一个机会，使他们看到自己所做的事情的意义和目的。用尼采的话说："如果你明确人生的目标，就几乎能忍受任何工作方式。"弗洛蒙德·马里克解释说，当人们再也看不见目的的时候，或者失去意义的时候，对如何做会麻木不仁，不管这件事有多精彩。

现在很多公司的员工对公司没有认同感，把公司当作暂时的避风港，公司也只是把员工当作赚钱的工具。而在任正非看来，华为就是一个大家庭，他要求所有华为人都必须认同华为文化、遵守华为文化的要求，就像他在对新员工的致辞里面说的："我们将与您共同努力，开创华为的未来。否则华为是不欢迎你的。"

行动指南

员工认同企业文化是企业具有凝聚力的基础。

2月17日 不把商品买卖与政治挂钩

我的孩子用苹果，就是不爱华为了？不能这么说。我在华为内部经常这么说，余承东很生气，认为老板总为别人宣传，不为自己宣传。我讲的是事实，不能说用华为产品就爱国，不用就是不爱国。华为产品只是商品，如果喜欢就用，不喜欢就不用，不要和政治挂钩。

——摘自任正非接受媒体群访，2019年5月

背景分析

就商业本身来说，商品是没有政治属性，不分地域、不分国界的，商品的流通不应该受到地域限制，不应该与政治联系到一起。这显然是任正非的逻辑。

因此，当华为遭遇特朗普政府的打压，中国国内部分民众群情激愤，个别国人呼吁抵制美货、抵制苹果手机，多买华为手机的时候，任正非非常冷静地说了上述话。

任正非强调，华为是商业公司，要在商言商，因为华为是全球化公司，面对的是全世界，不能把爱国和商业道德绑架在一起。

行动指南

凯撒的归凯撒，商业的归商业。

2月19日 任人唯贤

华为能把11万员工团结起来就是因为一种文化，这种文化的基础就是任人唯贤，而不是任人唯亲。华为一贯的文化，就是不走家族发展的文化。

——摘自《在上海的讲话》2010年10月

背景分析

2010年10月27日，某媒体刊发了一篇题为《传华为"地震"，任正非10亿送走孙亚芳》的报道。报道称，任正非为了让儿子顺利接班，以10亿元的"分手费"逼走孙亚芳（华为董事长）。

2010年10月31日，任正非趁视察华为上海研究院之际，回应"接班门事件"，称传闻只是"开了个大玩笑"。

据华为2009年年报中披露的公司股权状况：截至2009年12月31日，华为股东由深圳市华为投资控股有限公司工会委员会和任正非共同组成，前者持股比例为98.58%，总裁任正非持股比例仅为 1.42%。面对 10 亿元"分手费"的传闻，任正非回应道："这不是私人企业，我个人根本就没有钱，现在我买股票贷款的钱还没有还完呢。"任正非强调，自己对于子承父业，既"没有能力"，也"没有愿望"。

行动指南

接班人是企业进一步良性发展的关键，是第一代企业家精神传承的关键。子承父业，在中国人的眼中是天经地义的。有人说，家族企业"做不大"，但在世界 500 强企业中，家族企业也占到了近 40%。家族企业的核心是"企业"，而不是"家族"。

2月20日 实干

不要把学习英雄停留在口头上，要真正用心去学习。用服中心员工向我们展示的是什么呢？就是最具代表性的华为文化，只有文化才会生生不息，把我们带向繁荣。

精力应该放在搞好工作上。空抱着那些所谓的远大理想是错误的，做好本职工作最重要，这也是华为文化之一。

——摘自《资源是会枯竭的，唯有文化才能生生不息》，1996 年 12 月

学习企业文化就会使你的重要工具发挥较大的作用。华为不存在空头理论家。文化要落实在奉献上，没有本领就无法实现奉献。

——摘自《谈学习》，1998 年 6 月

背景分析

1998 年 3 月，华为出于战略发展的考虑，停止了 110 产品的开发和销售。开发部的员工纷纷流向其他部门，没有几个人愿意留下来陪着这些没有前途的产品。当时，110 产品还有许多遗留问题没有解决，用户意见非常大。华为员工陈俊杰当时正负责后期的开发测试和工程文档工作，看着自己曾经开发、测试、安装过的产品就这么结束

了,他心里很不是滋味,于是默默地留了下来。两年后,从前离开的开发部同事们个个春风得意,在不同岗位上干出了非凡的成绩,而陈俊杰仍然留在维护事业部围着"老掉牙"的产品转。但是,每当他看到110产品经过自己与同事们的优化,很稳定地运行在网络上,为全国各地的公安机关服务,为社会治安发挥作用时,他心里就非常自豪。广西一位公安局通信科长曾经在电话中对陈俊杰说:"陈工,你的水平我很欣赏,有空来广西出差的时候,一定来我这里做客!"

华为有大量如陈俊杰这样在平凡的岗位上默默奉献的员工,踏实、认真地做好自己的工作,这正是任正非所提倡的。

任正非反复强调企业文化与奉献的关系。在华为的企业文化里面,艰苦奋斗是核心之一,而艰苦奋斗也是一种奉献,要求人们不能空谈,而是要实干,要脚踏实地,要有成绩。

| 行动指南 |

踏实肯干的员工是企业稳定发展的根基。企业文化不是空谈的文化,而是实干的文化。

2月21日 赞扬无名英雄

华为是由无数无名英雄组成的,而且这些无名英雄还在继续增加,他们已在创造华为的光辉历史,我们永远不要忘记他们。当我们的产品覆盖全球时,我们要来纪念这些为华为的发展贡献了青春与热血的"萤火虫"。

——摘自《悼念杨琳》,1997年3月

| 背景分析 |

华为创建以来,大量华为人牺牲休息时间,透支了体力,奉献了青春,推动了公司的发展。任正非认为这些为公司发展尽力的员工都是英雄,后来的华为人应该向他

们学习。同时，他也远赴美国，考察苹果、IBM等大型公司，拜访了很多优秀人物，他认为这些成功人士也都是英雄，他做了详细记录，回国后向员工传达这些英雄的事迹。但是相比那些功成名就的人来讲，在平凡岗位上默默耕耘的华为人更值得学习，更是英雄。

任正非将华为成功的原因，归结为每一个具有奉献精神的华为人的付出。任正非说，他与那些普通华为人见面的机会很少，交流很少，就像前市场部的秘书杨琳，她在自己的岗位上默默工作了很多年，从秘书一直做到秘书处主任。任正非认为，华为的未来还需要更多无名英雄的默默奉献。

行动指南

普通员工是推动企业发展的最基本动力。

2月22日 自我批判

任何时候不放弃自我努力、不放弃自我批判。我们公司最大的优点就是自我批判，找个员工让他说他哪里做得好，他一句话都讲不出来，但是让他说自己哪里不行，滔滔不绝。因为管理团队只要讲自己好，就被轰下台；只要讲自己不好，大家都很理解，越讲自己不好的人可能是越优秀的人。只要他知道自己不好，就一定会改，这就是华为的文化——"自我批判"。

美国就是自我批判的典范，美国电影情节从来都设定美国政府输。一边弹劾总统，一边干活，这就是自我纠偏机制。我们要学习这些机制，不能让一个人说了算，否则公司将来就很危险。美国哪一点好，我们就学习它，不至于与我们的感情有冲突，这没关系。

——摘自任正非接受《南华早报》总编辑采访，2019年5月

背景分析

在华为，做管理层其实很"痛苦"，因为职位越高，受到的各种限制越多，越需要不断地剖析自我。华为管理层汇报工作的时候，作为负责人主要谈的是自己的工作哪些地方没有做好、如何提升，还要虚心接受其他人的批评。华为就是在培养虚怀若谷、勇于自我批评的管理层。

行动指南

勇于承认自己的不足，是自信的表现，更是进步的前提。

2月24日 败则拼死相救

在市场部"胜则举杯相庆，败则拼死相救"的精神号召下，各个部门的团结、协作有了明显的进步。大市场不分前方、后方已为各级领导认同，本位主义、官僚主义已在减弱。随着业务流程重整，一个优良的管理体系有可能在这种文化基础上建成。

——摘自《自强不息，荣辱与共，促进管理的进步》，1997年7月

不要说我们一无所有，我们有几千名可爱的员工，用文化黏结起来的血肉之情，它的源泉是无穷的。我们今天是利益共同体，明天是命运共同体，当我们建成内耗小、活力大的群体的时候，当我们跨过这个世纪时形成团结如一人的数万人的群体的时候，我们抗御风雨的能力就增强了，可以在国际市场的大风暴中去搏击。

——摘自《资源是会枯竭的，唯有文化才能生生不息》，1996年12月

背景分析

"胜则举杯相庆，败则拼死相救"，这句在华为流传了20年并且还将继续流传下去的名言，充分体现了华为的文化。很明显，它是在强调集体奋斗精神，鼓励全体员工

为了一个目标竭尽所能：如果有人失败，其他人都要竭尽全力协助；取得成功后，集体就可以共同庆祝了。在华为，这种精神更多地表现为市场部门人员的拼搏精神，他们像狼群一样去战斗，像狼群一样去狂欢。

任正非认为，在市场竞争越来越激烈、企业盈利空间越来越小的情况下，华为人更需要这种集体奋斗、团结合作的精神，要做到这些，就需要全体华为人在文化上高度认同。

"泰山不让土壤，故能成其大；江海不择细流，故能就其深。"企业要集合所有员工的力量，争取让所有员工都为企业目标的实现尽最大努力。企业文化就是团结全体员工、发挥全体员工潜力的一大工具。企业文化为企业的生产经营决策提供正确的指导思想和健康的精神氛围。企业文化导向性主要体现在两个方面：一是对企业成员个体的心理、性格、行为起导向作用，即对个人的价值取向和行为取向起导向作用；二是对企业整体的价值取向和行为取向起导向作用。企业文化具有激励功能、指导功能、凝聚功能、融会功能和约束功能等。

行动指南

不但要让员工知道在胜利后该如何庆祝，更要让他们知道，当其他员工遭遇挫折或失败的时候，他们该如何去协助。

2月25日 灰色口号

华为的企业文化是建立在国家文化的基础上的。华为把共产党的最低纲领分解成一点一点可执行操作的标准，给员工引导与鼓励。

华为公司内部的口号很实际，不空洞，因此常有人说是灰色的。但员工听了很亲切，能实现，慢慢地就做起来了。但把这些灰色的口号叠加在一起，就会发现它与国家的精神目标是完全一致的。比如，各尽所能，按劳分配。

——摘自《华为的红旗到底能打多久》，1998年8月

> 背景分析

任正非在众多场合提到，华为的成功与有强大的祖国做后盾是息息相关的。华为人认为企业文化离不开民族文化与政治文化，中国的政治文化就是社会主义文化，华为把共产党的最低纲领分解为可操作的标准，来约束和指导企业中高层管理者，以中高层管理者的行为带动全体员工进步。

所谓"灰色"，就是指任正非提倡员工在为企业、为社会、为祖国奉献的同时，个人利益也不能被忽略，员工可以大胆地提出合理的个人要求，华为有责任、有义务去实现员工的个人利益。

> 行动指南

企业文化不能脱离国家文化而单独存在。

2月26日 唯文化生生不息

这里的文化，不仅包含了知识、技术、管理、情操……也包含了一切促进生产力发展的无形因素。

华为公司认为资源是会枯竭的，唯有文化才会生生不息。这里的文化不是娱乐活动，而是一种生产关系。我们公司一无所有，只有靠知识、技术，靠管理，在人的头脑中挖掘出财富。

——摘自《要从必然王国，走向自由王国》，1998年3月

我们是不会消亡的，因为我们拥有可以不断自我优化的文化。

——摘自《资源是会枯竭的，唯有文化才能生生不息》，1996年12月

> 背景分析

企业文化具有时代性、系统性、民族性、群体性等特征，是企业在长期生产经营活动中形成的价值观、经营思想、群体意识和行为规范。企业文化能带动员工树立明确目标，并使员工在为此目标而奋斗的过程中保持步调一致；企业文化能够在员工中营造出非同寻常的积极性，企业价值观念和行为方式使他们愿意为企业出力；企业文化还提供了必要的企业组织结构和管理机制，从而更好地激励员工。

任正非意识到，企业文化对企业的影响远远超越了物质层面，即使华为遭遇了重大挫折，没有一点儿资金，没有一点儿技术积累，没有一点儿市场份额了，只要华为的精神还在，华为就可以东山再起。

> 行动指南

物质资源永远是有限的，只有文化、精神才是永恒的。文化是最持久的竞争力。

2月28日 小改进，大奖励

大家应该认识到，"小改进，大奖励"对我们华为公司来说，将是一个长远的政策，而不是一个短期的政策。为什么呢？我们最近研讨了什么是企业的核心竞争力，什么是企业的创新和创业。创业，并非最早到公司的几个人才算创业，后来者就不算创业。创业是一个永恒的过程，创新也是一个永恒的过程，核心竞争力在一个在不断提升的过程中。

——摘自《在第二期品管圈活动汇报暨颁奖大会上的讲话》，1998年1月

> 背景分析

能否成功很大程度上在于细节管理的成败。华为总部很多部门的墙上都贴着"下班

之前过五关"的卡通画，提醒工作人员下班之前别忘了关掉电灯和电脑等，通过培养员工随手关闭电源的习惯，公司每月可节约电费几十万元。华为强调"小改进，大奖励；大建议，只鼓励"。乍一听好像不合理，但仔细一想，如果员工们不首先搞好本职工作，提一些大建议又有何意义呢？基层员工并不了解公司的战略，提大建议而不去做，就好像地基都没有夯实就去建高楼大厦。况且大事情本来就在管理者考虑范围之内，而对于小事情管理者却没有足够的时间与精力去了解，从这一角度看，"小改进"远比"大建议"有用。

| 行动指南 |

对于普通员工来说，把本职工作做好，远比提一些空洞的建议重要。

3月
待遇：决不让雷锋吃亏

3月1日 机会均等

您有时会感到公司没有真正的公平与公正。真正绝对的公平是没有的，您不能对这方面抱有过高的期望。但在奋斗者面前，机会总是均等的，只要您努力，您的主管会了解您的。要承受得起做好事反受委屈。没有一定的承受能力，今后如何能做大梁。其实一个人的命运，就握在自己手上。

——摘自《致新员工书》，1994年9月

背景分析

1997年，韩志宇研究生毕业后从天津来到华为，以他为主的团队承担了SBS2500光同步传输系统的研发项目。2010年，韩志宇和同事开发的这套系统获得年度国家科技进步二等奖，29岁的韩志宇成为当年国家科技进步奖最年轻的获奖人。第二年，华为STM-64光传输产品获2002年度国家科技进步二等奖，而这个项目的第一完成人张平安，又是当年国家科技进步奖最年轻的获奖人。

任正非曾说过，华为在报酬与待遇上，从不羞羞答答，而是坚定不移地向优秀员工倾斜。工资分配实行基于能力之上的职能工资制；奖金的分配与部门和个人的绩效改进挂钩；安全退休金等福利的分配，依据工作态度的考评结果；医疗保险按贡献大小，对高级管理、资深专业人员与一般员工实行差别待遇，高级管理和资深专业人员除享受医疗保险外，还享受诸多健康待遇。华为在基层执行操作岗位坚决实行定岗、定员、定责、定酬的，以责任与服务作为评价依据的待遇系统，以绩效目标改进作为晋升的依据。

在华为，能力比资历更重要。

行动指南

没有绝对的公平、公正，企业家在尽可能追求公平、公正的同时，更重要的任务是保证机会的均等。

3月2日 决不让雷锋吃亏

华为主张在顾客、员工与合作者之间结成利益共同体。

公司努力探索企业按生产要素分配的内部动力机制，使创造财富与分配财富合理化，以产生共同的更大的动力。我们决不让雷锋吃亏，奉献者定当得到合理的回报。这种矛盾是对立的，我们不能把矛盾的对立绝对化。改革开放前总是搞矛盾绝对化，不是革命者就是反革命，不是社会主义就是资本主义。而我们是把矛盾的对立转化为合作协调，变矛盾为动力。

——摘自《华为基本法》，1998年3月

背景分析

华为管理层在号召员工向雷锋学习的同时又奉行"决不让雷锋吃亏"的原则，坚持以物质文明巩固精神文明，以精神文明促进物质文明，形成使千百个"雷锋"得以成长的政策，并使该政策能永远执行下去。华为把实现繁荣、民族振兴、发扬时代的革新精神，作为义不容辞的责任，并借此铸造华为人的独特品格。华为坚持宏伟抱负的牵引原则、实事求是的科学原则和艰苦奋斗的工作原则，使政治文化、经济文化、民族文化与企业文化融为一体。

行动指南

让奉献的人不吃亏是奉献精神得以继承和发扬下去的前提。

3月3日 价值评价

1997年我们要全面推行干部考核与员工计量工作制，按能力、业绩及贡献，合理地安排员工的报酬。考核是完善价值分配的基础，在成绩面前人人平等。尽管我们的考核制度还不够完善、准确，但公司是坚决要推行的，全体员工都要善意地关心它，提出建设性的改进意见，拒绝考评的干部，我们将拒绝提升。

只有坚持数年，我们才可能产生一个合理的价值评价体系。希望考评体系天然合理，是一种幼稚的思想。各级管理干部都要去坚决推行，在推行中去改良、优化。在推行中，加强各专业干部队伍的建设，提高管理的力度与深度。

——摘自《自强不息，荣辱与共，促进管理的进步》，1997年7月

背景分析

在考核方式上，《华为基本法》中规定："员工和干部的考评，是按明确的目标和要求，对每个员工和干部的工作绩效、工作态度、工作能力的一种例行性的考核与评价。工作绩效的考评侧重在绩效的改进上，宜细不宜粗；工作态度和工作能力的考评侧重在长期表现上，宜粗不宜细。考评结果要建立记录，考评要素随公司不同时期的成长要

求应有所侧重。在各层上下级主管之间要建立定期述职制度，各级主管与下属之间都必须实现良好的沟通，以加强相互的理解和信任。沟通将列入对各级主管的考评。"继1996年推出考核制度之后，任正非认为应该进一步完善考核制度，以此激砺员工释放最大的潜能。

行动指南

任何先进制度都需要一步步完善。

3月4日 改善待遇

我们是会富裕起来的，生活、工作环境都会逐渐有较大改善。我们要从管理上要效益，从管理效益中改善待遇。我们不断推行严格、科学、有效的管理，要逐步减少加班，使员工的身体健康得到保障。有健康的身体，才有利于思想上产生艰苦奋斗的意识。我们要对早期参加工作，消磨了健康的员工，有卓越贡献而损害了健康的员工，担子过重而健康不佳的高中级干部提供好的疗养条件，使他们恢复健康。百年树人，不能因一时的干旱，毁坏了我们宝贵的中坚力量。我们已走出了困境，我们有条件帮助历史功臣，我们永远不会忘记他们的功勋。

——摘自《不要忘记英雄》，1997年1月

背景分析

1997年，华为员工达到5600人，销售额达到41亿元。同年，华为推出GSM设备，并与德州仪器、摩托罗拉、IBM、英特尔、杰尔系统、太阳计算机系统、阿尔特拉、高通、英飞凌和微软，成立了联合研发实验室。华为也实行员工持股制度，并且提倡员工要发扬敬业精神，要有高度的工作责任心，较强的工作干劲，要团结合作，全面推行干部考核与员工计量工作制，按能力、业绩及贡献，合理地安排员工的报酬，将研究经费增至4亿元。经过近10年的发展，华为开始富裕起来。正如任正非所说，

"吃水不忘挖井人"，华为在有条件的时候，应提高员工的待遇，改善员工的工作、生活条件，这样才能留住人才。

行动指南

取之于"才"，用之于"才"。

3月5日 付出与回报

奋斗就是付出，付出了才会有回报。多年来我们秉承不让雷锋吃亏的理念，建立了一套基本合理的评价机制，并基于评价给予激励回报。公司视员工为宝贵的财富，尽力为员工提供好的工作、生活、保险、医疗保健条件，为员工提供业界有竞争力的薪酬，员工的回报基于岗位责任的绩效贡献。

——摘自《天道酬勤》，2006 年 8 月

怎么使员工各尽所能呢？关键是要建立公平的价值评价和价值分配制度，使员工形成合理的预期，他相信各尽所能后你会给他合理的回报。而怎么使价值评价做到公平呢？就是要实行同等贡献，同等报酬原则。不管你是博士也好，硕士也好，学士也好，只要做出了同样的贡献，公司就给你同等的报酬，这样就把大家的积极性都调动起来了。

——摘自《华为的红旗到底能打多久》，1998 年 8 月

背景分析

艰苦奋斗、默默无闻的奉献和付出体现了华为的企业文化，但任正非也强调不让雷锋吃亏的观点，因此，华为引进国外先进的企业酬薪制度，改变中国传统的按人定酬的规则，提倡按岗位、按绩效定薪酬的制度。

其他企业的员工都羡慕华为员工的高薪待遇，其实，这与华为员工自己的努力付出是分不开的。也正是这种强调付出和回报平衡的良好体制，吸引着员工心甘情愿地为华为工作。

> 行动指南

羡慕别人收获的时候，先想一想别人付出了什么。

3月6日 绩效改进

1998年我们将推行绩效改进系统，按绩效改进来确定员工的待遇及其升幅。绩效改进比绩效考核要科学，矛盾要少。每人以自己为标准，不断地将今天与昨天比，从而推进个人与公司的进步。

——摘自《狭路相逢勇者生》，1998年3月

> 背景分析

绩效改进是绩效考核的后续应用阶段，是连接绩效考核和下一循环计划目标制定的关键环节。绩效考核的目的不仅仅是确定员工薪酬、奖惩、晋升或降级的标准，员工能力的不断提高以及绩效的持续改进才是其根本目的，而实现这一目的途径就是绩效改进。

华为从成立之初只有十几个员工，发展到销售额达到89亿元，员工人数达8000人，用了10年的时间。在这10年时间里，任正非一直在完善华为的各种管理机制，其中包括了绩效机制。在访问了美国、日本和德国等国家的先进企业之后，他深深感到与世界先进的管理体系相比，华为还有很大的一段差距，如在绩效管理时最容易犯的错误是只关注绩效结果，不关注绩效改进，这在对新员工与老员工进行绩效评定时尤其突出。老员工由于本身任职能力强，产出多，但可能相当长时间没有进步；新员

工由于来公司时间短，产出少，但进步大。对这种情况有些主管只比多少，不比进步，会影响员工不断改进的积极性。

华为采取如下方式改进绩效：首先，分析员工的绩效考核结果，找出员工绩效中存在的问题；其次，针对存在的问题，制定合理的绩效改进方案，并确保其能够有效地实施，如进行个性化的培训等；再次，在下一阶段的绩效辅导过程中，落实已经制定的绩效改进方案，尽可能为员工的绩效改进提供知识、技能等方面的帮助。

行动指南

不能只注重考核结果，更要注重改进的过程。

3月7日 人员的增长要低于产值与利润的增长

我们坚定不移地推行绩效改进的考评体系，坚决实行"减人、增效、涨工资"的政策。随着我们的发展，工作总量越来越大，但人员的增长要低于产值与利润的增长。每一道工序，每一个流程，都要在努力提高质量的前提下，提高效益，否则难以维持现行工资不下降。

——摘自《狭路相逢勇者生》，1998年3月

背景分析

中国企业在发展过程中，遇到的一大问题就是机构臃肿、效率低下。众多国有企业和部分民营企业在改革前，内部普遍存在机构臃肿、人浮于事、效率低下的问题，减员增效的呼声越来越高。华为也一度面临同样的问题。1998年，经过1997年前后大规模扩招人才，华为员工已经突破8000人，而华为在海外市场上的业绩仍然没有多大的起色。这导致华为人均效益的下降。任正非认为，如果效益无法提高，利润无法获得增长，那么现行的工资水平将无法维持，减员增效势在必行。

> 行动指南

人均效率是衡量企业竞争力的重要标准。

3月8日 额外报酬

已经付了报酬,按劳获得了待遇,"英雄"不应作为额外索取的名义。在职业化的公司中,按任职资格与绩效评价,付了报酬,已经偿还了管理者对职业化管理的贡献,个人应不再索要额外的"英雄"名义的报酬。为此,职业化管理者是该奉献时就奉献,而不是等待什么机会。

我们的价值评价体系也要学会平平静静。如果我们的价值评价体系,只习惯热闹,那我们就会导致高层管理者的"行为英雄化"。

——摘自《能工巧匠是我们企业的宝贵财富》,1999年5月

> 背景分析

很多公司都会存在这样的员工:平时工作不积极,总是找机会在领导面前表现自己,欲借此得到工资上的增长或者是职位上的提升。华为董事长孙亚芳曾经说过:"小胜在智,大胜在德。"其含义就是指一个人凭小聪明虽然可以取得一些一时的小成绩,但要取得更大的智慧,就需要高尚的品德。任正非说,他对于英雄的理解是,默默无闻、勇于奉献的无名英雄才是真正的英雄,而那些喜欢热闹的、哗众取宠的"英雄",只是在以英雄的名义获取更多的报酬。

> 行动指南

即使是"英雄",也不应该索取额外报酬。

3月9日 关键在于平衡

针对绩效考核，我们根据公司的战略，采取综合平衡计分卡的办法。

综合平衡计分卡就是我们整个战略实施的一种工具，它的核心思想是通过财务、客户、内部经营过程及我们的学习和成长四个方面相互驱动的因果关系来实现我们的战略目标。

平衡计分卡的关键在于平衡：关于短期目标和长期目标的平衡，收益增长目标和潜力目标的平衡，财务目标与非财务目标的平衡，产出目标和绩效驱动因素的平衡，以及外部市场目标和内部关键过程绩效的平衡，也就是我们从战略到指标体系到每一个人的PBC（个人业务承诺计划）指标，都经过评分计分卡来达到长短、财务与非财务等各个方面的平衡。

——摘自《华为公司的核心价值观》，2010年5月

背景分析

20世纪90年代，哈佛商学院的罗伯特·S.卡普兰教授和诺朗诺顿研究所所长戴维·P.诺顿，在总结了12家大型企业业绩评价体系的成功经验的基础上，提出了一种适应信息时代的新兴绩效评价方法，这就是平衡计分卡（BSC）。平衡计分卡是把企业及其内部各部门的任务和决策转化为多样的、相互联系的目标，然后再把目标分解成多项指标的多元业绩评价系统。这一方法提出，公司应从四个角度审视自身业绩：学习与成长、业务流程、顾客和财务。平衡计分卡提供了一个全面的衡量框架，一个能够将公司实力、为客户创造的价值和由此带来的未来财务业绩联系起来的框架。

平衡计分卡不仅提供过去成果的财务性指标，同时从顾客、内部流程和学习与成长等三方面弥补传统方法的不足。而且使绩效考核与战略目标联系起来，将绩效考核作为战略实施的工具，寓战略于绩效考核之中，使之不仅成为一项绩效考核工具，更是一项战略实施工具。

华为引入平衡计分卡，使公司从战略到指标体系到每一个人的平衡计分卡指标，达到最佳平衡状态。

行动指南

平衡计分卡不仅仅是个绩效考核工具，更是一项战略实施工具。

3月11日 公司利润与员工报酬

我们通过保持较快的增长速度，给员工提供了发展的机会；公司利润的增长，给员工提供了合理的报酬。这就吸引了众多的优秀人才加盟到我们公司来，然后才能实现资源的最佳配置。只有保持合理的增长速度，才能永葆活力。

——摘自《华为的红旗到底能打多久》，1998年8月

背景分析

在世界范围内，绝大多数现代化的公司，其员工的待遇都是跟公司的效益联系在一起的，员工与公司是唇亡齿寒的关系。任正非一再强调员工应该把自己的命运同公司的命运紧密地联系在一起。在公司发展不顺利的时候，员工应该主动要求降薪；同样，在公司发展顺利的时候，员工的薪水也会水涨船高。在华为，公司实行员工持股的制度，员工可以根据持股的多少得到年终分红，这样公司每年的销售额就与员工的切身利益息息相关。这种薪酬体系也培养了员工对公司的责任感。

行动指南

员工与企业的利益其实是一致的，唇亡齿寒。

3月13日 待遇仅是业界最佳的八成

华为公司待遇标准仅是中国业界最佳的80%，这使那些仅仅为了钱的人不愿来我们公司，而那些为了干一番事业的人就想来我们公司。这也有利于我们队伍的建设。

——摘自《华为的红旗到底能打多久》，1998年8月

背景分析

较高的待遇一直是华为吸引众多毕业生的重要原因之一，但近几年，由于招入的毕业生越来越多，华为也降低了新招入应届毕业生员工的薪水。而且在工资薪酬上，华为更是无法同国内那些垄断企业相提并论。但是，华为有着良好的管理机制，包括薪酬机制、激励机制等。在华为，只要一个人有能力，他就会得到重用，就能够充分发挥自己的才能。正如任正非所言，华为员工到华为是来学本事的，而不只是来挣钱的，这样即使他们离开华为，也可以找到好的新东家。

行动指南

待遇的高低固然重要，但仅仅强调待遇是不够的。

3月17日 自动降薪

公司在经济不景气时期，以及事业成长暂时受挫阶段，或根据事业发展需要，启用自动降薪制度，避免过度裁员与人才流失，确保公司渡过难关。

其真实目的在于，不断地向员工的太平意识宣战。

——摘自《华为的红旗到底能打多久》，1998年8月

> 背景分析

2003年，华为发动了一场降薪运动，华为在公司内部号召公司中层以上员工自愿提交"降薪申请"，普通员工没有被要求参加此次降薪活动。结果从总裁、董事长到中层管理人员，薪水都降低了两成左右。这是2001年年底后的第一次降薪，在2002年之前，加薪对华为人来说如同家常便饭。

即便如此，华为员工2003年缴纳的个人所得税总和还是飙涨到了3.7亿元，比排在第二、第三位的上海大众汽车有限公司和UT斯达康通信有限公司分别高出了1.7亿元和2亿元。按华为此时有2万名员工计算，2003年，华为员工人均上缴个人所得税近1.9万元。华为再次成为"中国2003年度代扣代缴个人所得税百强排行榜"第一名。

与大规模裁员相比，降薪对企业的冲击更小。降薪不过是将员工的待遇临时调低，不排除将来条件好的时候再恢复，体现了员工与企业的命运休戚相关。裁员则是将员工抛弃，以获得企业自身轻松的举动，容易导致员工的抵制。因此，华为主张宁愿自动降薪，也不愿意大规模裁员。这是华为创立20年来的原则，也是华为保持员工基本稳定的基础。

对于那些在华为处于艰难时期，自动降低自己的报酬和待遇的员工，任正非一直给予很高的评价。他认为，华为正是需要能够与它生死与共的员工。

> 行动指南

一个真正的好企业，员工一定能够与之共患难。

3月19日 外派补助

当地员工（海外代表处在所在地招聘的本地员工）的薪酬一般都高于中方员工，我们不能提高全体中方员工的薪酬来适应欧洲，这样公司将缺乏竞争力。因此，对低收入的中方员工可以采用补助形式。从整体来看，中方外派员工的整体薪资水平（工资＋补助）和本地员工是差不多的。正因为中方员工所在国的经济水平和欧洲国家的经济水平不同,所以为了让中方外派员工的收入能够与当地的工资水平持平,公司给予这部分员工相关外派补助。

——摘自《驻外行政人员培训交流沟通会的座谈纪要》,2009年3月

背景分析

2009年3月10日至12日,由华为行政管理部主办的2009年度首期驻外行政人员学习交流会在华为培训中心举行,共有来自29个驻海外研究所和代表处的46名行政骨干参加了此次活动。

3月12日下午,任正非亲临交流研讨会现场,听取大家在行政工作中的意见和困难,并现场答疑。当有人提及"海外代表处在所在地招聘的本地行政人员和外派当地的行政人员待遇差距较大,外派员工享受公司的外派补助,而本地员工没有这部分福利"时,任正非解释道,"华为是秉承同工同酬的原则的。补助的标准也因不同的区域、国家、城市而有所不同。中方员工所在国的经济水平和欧洲国家的经济水平不同,所以为了让中方外派员工的收入能够与当地的工资水平持平,华为给予这部分员工离家、环境艰苦等相关外派补助"。

美国《商业内幕》2011年年底对欧洲国家薪资水平展开了一项调查,结果显示,瑞士以人均月收入6407美元排在榜首,丹麦以5970美元排在第二位,英、法、德等欧洲大国人均月收入均在4000美元上下。

2012年年初,联合国国际劳工组织对全球72个国家和地区的人均工资做出统计,结果显示,中国人均月薪约为4134元,折合约650美元,不足世界平均水平的一半,位列第57位。

海外当地员工的薪酬一般都高于中方员工,若提高全体中方员工的薪酬以适应海外,便如任正非所言会降低华为的竞争力。

行动指南

对外派员工提供特殊津贴,是跨国公司所经常采取的方法之一。外派员工工作环境较为艰苦,针对外派员工进行补助能充分调动驻外人员工作的积极性。在补助额度上向艰苦地区倾斜,加入艰苦系数,即艰苦地区多发一些,非艰苦地区少发一些。

3月20日 待遇以贡献为准绳

我们的待遇体系，是以贡献为准绳的。我们说的贡献和目标结果，并不完全是可视的，它有长期的、短期的，有直接的、间接的，也包括战略性的、虚的、无形的结果。

——摘自《在人力资源管理纲要第一次研讨会上的发言》，2012年7月

背景分析

华为员工的收入组成包括职能工资、奖金、安全退休金及股权带来的红利。华为采取与能力、贡献相吻合的职能工资制。华为按照责任与贡献来确定任职资格，按照任职资格确定员工的职能工资。奖金的分配完全与部门的关键绩效目标和个人的绩效挂钩，安全退休金等福利的分配以工作态度的考评结果为依据，医疗保险按级别和贡献拉开差距。

华为关注员工报酬的三个公平性：
①对外公平，与同行相比，具有社会竞争力；
②对内公平，对不同工作岗位上的员工，依据工作分析与职位评估确定薪金结构与政策；
③横向公平，对同等工作性质的员工，根据绩效考核与资格认证拉开合理的差别。

行动指南

待遇是企业提供给员工的薪酬，还包括社会保险、股权等福利。贡献是员工能够为企业做的、能让企业获得利益的行为。待遇与贡献挂钩，能充分调动员工的工作积极性，体现企业的公平公正。

3月21日 全员持股

我们认为，劳动、知识、企业家和资本创造了公司的全部价值。我们是用转化为资本这种形式，使劳动、知识以及企业家的管理和风险的累积贡献得到体现和报偿；利用股权的安排，形成公司的中坚力量和保持对公司的有效控制，使公司可持续成长。知识资本化与适应技术和社会变化的有活力的产权制度，是我们不断探索的方向。

我们认为，企业的价值是由劳动、知识、企业家和资本共同创造的。公司实行知识资本化，让每个员工通过将一部分劳动所得转成资本，成为企业的主人。

我们强调员工的敬业精神，选拔和培养全心全意高度投入工作的员工，实行正向激励推动。不忌讳公司的不利因素，公开公司当前存在的问题，使员工习惯于受到压力，激发员工拼命努力工作的热情。员工有个共识：不要问国家给了你什么，要问你为国家做了什么。

——摘自《华为的红旗到底能打多久》，1998年8月

背景分析

2001年，华为内部股的股本结构为：占总人数30%的优秀员工集体控股，40%的骨干员工有分量地控股，10%~20%低级员工或新员工适当参股。员工持股份额根据"才能、责任、贡献、工作态度、风险承诺"决定。股金分红最高达70%，最低为10%。2003年公司扩股，面向80%员工，超过1.6万人，共10亿股，以每股2.74元的价格向核心骨干员工发售。员工出15%，其余由公司担保以个人名义向银行贷款。目前，华为中层以上员工大约有200万以上的股权，高层员工持股大约已经超过千万了。

华为的股份起初放在一个虚设的华为新技术公司工会名下，后来与员工股份放在一起，1999年后增扩2.5亿~3亿股。在总股本中，华为员工占50%以上，合资公司员工不到50%，自然人占0.01%。通过员工持股的形式，可以看出公司待遇体系向优秀员工倾斜，以贡献定报酬的企业文化，这大大激发了员工的工作热情。

行动指南

股权激励是凝聚、留住员工的常用办法。

3月22日 良好的薪酬奖励制度

公司已经建立了良好的薪酬奖励制度，建立了完善优厚的社保、医保、意外伤害保，开展了各种有益于员工的文体活动，我们各级干部要不断宣传这些好的机制，并落实它。员工在不断优化的制度环境中，应该有一种满足感，不要期望无限制地去拔高它。

——摘自《逐步加深理解"以客户为中心，以奋斗者为本"的企业文化——在市场部年中大会的讲话》，2008年7月

背景分析

华为有着等级分明的薪酬体系，天涯论坛华为专区有帖子显示，华为员工薪水级别从13级起到22级，共10级。帖子所记录的2010年华为员工对应的标准岗位工资数据如下：

2010年华为标准岗位工资

级别	起薪点（元）	B等级工资（元）	A等级工资（元）
13-C	5500	6500	7500
14-C	7500	9000	10500
15-C	10500	12500	14500
16-C	14500	17000	19500
17-C	19500	22500	25500
18-C	25500	29000	32500
19-C	32500	36500	40500
20-C	40500	44500	49500
21-C	49500	54500	59500
22-C	59500	/	/

据华为员工证实，该帖子内容基本属实。该员工还透露，华为按生产、研发、市场销售和客户服务划分出4个员工体系。其中，研发和市场销售体系的薪金水平高于生产和客户服务体系。刚毕业的本科生进入华为的起薪标准约6000元/月，研究生约8000元/月，这种差别会随着工作年限加长而越来越小，员工间主要比拼的是工作业绩和能力。一般在华为市场销售和研发部门工作5年后，每月薪水加上年终奖和股票分红，员工年薪一般都会在20万元左右。

行动指南

好的激励机制能让员工发挥最大潜能，薪酬是最重要也最易运用的激励方法。薪酬奖励是企业对员工的回报，是企业对员工所做贡献的肯定。

3月25日 增加贡献，工资不一定能升

管理的深化还需要良好的环境。生产系统要先建立起好的环境，在这个好环境里面，还要进行新方法的不断优化和改进，我们只有提高生产效率才能活下去。有人说我今年干了这么多活，比去年还增加了10%的贡献，为什么我的工资还是只有这么多？但是我认为，你增加10%的贡献，你的工资可能还要降一点，因为我们的产品价格降得太快，竞争太激烈！去年干100线，今年就要干110线，否则就没法保住现在的工资，想上升就更没有希望了。

因此，生产系统不仅要有新的环境、新的条件，还要有新的气象、新的精神面貌。跟国内企业相比，生产系统在总的方面还是好的，但如果和美国、日本、欧洲的企业相比，我们还有很大差距。

——摘自《能工巧匠是我们企业的宝贵财富》，1999年5月

背景分析

企业本身的业务性质决定了整个工资系统的幅度、标准和结构，如软件开发企业

跟生产洗发水的企业的工资标准肯定不一样，且工资结构也不一样，因为业务性质不一样。企业一般会根据所在市场的行情来确定具体的工资系统。此外，企业工资系统的设计还有一个市场导向，即看企业所在的市场和行业市场里的企业定位。

《华为基本法》第六十九条规定："华为公司保证在经济景气时期和事业发展良好的阶段，员工的人均收入高于区域行业相应的最高水平。"可见，华为员工的工资待遇是与公司的效益联系在一起的。同时，华为也主张待遇同贡献挂钩，贡献越大，工资越高。由于通信行业竞争太过激烈，员工要保住目前的高工资或者想要求更高的工资，必须同心协力推动公司的进步，提高公司的效益，否则，即使员工做出了很大的贡献，工资也不一定能得到提高。

行动指南

公司的前途决定员工的前途。

3月27日 责任与待遇

有人说：我是打工的，我拿这份工资，对得起我自己。我认为这也是好员工，但是他不能当组长，不能当干部，不能管三个人以上的事情，因为他的责任心还不够。打工，也要负责任。在生产线出现的一个很小的错误，如果被当场解决，浪费的财产可能是1块钱；当我们把这个机器装到现场的时候，造成的损失至少是1000块钱。间接损失包括社会影响、客户对我们的信任，这个损失绝不是1000倍可以衡量的。这也损失了你可能涨工资的空间，因为利润已转化为费用，拿什么来提升？

——摘自《能工巧匠是我们企业的宝贵财富》，1999年5月

背景分析

责任是指一个人分内应做的事情，也就是承担应当承担的任务，完成应当完成的使命，做好应当做好的工作。责任有丰富的内涵，可以从不同层次、不同形式来区分，

可以从不同领域、不同角度去认识，可以说责任无处不在。在企业中，责任主要是对自己所负责的工作尽力。

在华为看来，员工要"干一行，爱一行"，不管在哪个岗位，员工都应该尽心尽责，对自己的工作负责，也就是对公司负责。在企业里，责任与利益是密切相关的。华为把员工的责任感与薪酬、待遇联系起来。在华为看来，责任心体现在整个工作过程中，体现在细节里。很多工作中的失误，以及给公司造成重大损失的问题，都是由具体人员责任心不强造成的。

行动指南

没有责任心或责任心不强的员工，不但不能涨工资，如果给企业造成了损失，还应该向其索赔。

3月30日 提高效益才能提高待遇

公司总的来说，是希望不断地提高员工的收入，使员工的收入能够被更好地用于家庭建设的。但是钱从哪儿来呢？只有从提高效益中来。要按照公司总的增幅、总的利润的增长和降低成本目标来定出工资总额。所以如果我们的利润不能再增长，我们的收入也就不能再增长。只有大家提高自己的效益，使自己的工作有效性和质量达到一个高标准，才有可能把大家的待遇提到一个高标准。因此，我认为企业是要根据自己的效益来不断提高和改善员工的生活水平的。

——摘自《能工巧匠是我们企业的宝贵财富》，1999年5月

背景分析

《华为基本法》第十四条规定："我们追求在一定利润率水平上的成长的最大化。我们必须达到和保持高于行业平均的增长速度和行业中主要竞争对手的增长速度，以增强公司的活力，吸引最优秀的人才和实现公司各种经营资源的最佳配置。在电子信息

产业中，要么成为领先者，要么被淘汰，没有第三条路可走。"只有公司的利润增长了，员工的收入才会得到相应的提高，而公司效益的增长，是每个员工提高自己的效益，提高自己的工作质量的结果，公司的效益和员工个人的待遇实际上是相辅相成的。

行动指南

企业没有好的效益，员工就不可能有好的待遇。

4月

财务管理：与国际接轨

4月1日 预算

　　每个员工都要投入到《华为基本法》的起草与研讨中来，群策群力，达成共识，为华为的成长做出共同的承诺，达成"公约"，以指导未来的行动，使每一个有智慧、有热情的员工，都能朝着共同的宏伟目标努力奋斗，使《华为基本法》融于每一个华为人的行为与习惯中。我们正在强化业务流程重整的力度，用ISO9001来规范每一件事的操作，为后继的开放式网络管理创造条件；用MRP Ⅱ管理软件，将业务流程程式化，实现管理网络化、数据化，进而强化我们公司在经营计划（预算）、经营统计分析与经营（经济）审计上的综合管理。

——摘自《再论反骄破满，在思想上艰苦奋斗》，1996年6月

背景分析

　　MRP（Material Requirement Planning），即物资需求计划，是指根据产品结构各层次物品的从属和数量关系，以每个物品为计划对象，以完工时期为基准倒排计划，按提前期长短区别各个物品下达计划时间的先后顺序。MRP解决了物料的计划与控制问题，

实现了物料信息集成。但是，它还没有说明计划执行结果带来的效益，是否符合企业的总体目标。效益是用资金表达的，因此，还必须把物料信息同资金信息集成起来，也就是把成本和财务系统纳入系统中来，实现物料信息同资金信息的集成，这就产生了MRP Ⅱ。为了评价效益，必须将MRP同企业的宏观决策规划进行对比，才能知道是否达到预期目标。在MRP Ⅱ系统中，必须把企业的宏观决策层纳入到系统中来，这就是企业的长远战略目标、年度的销售和生产规划，包括决策层、计划层、执行层。在MRP Ⅱ中，包括人工、物料、设备、能源、市场、资金、技术、空间、时间等制造资源都被考虑进来了。

MRP Ⅱ的基本思想是：基于企业经营目标制订生产计划，围绕物料转化组织制造资源，实现按需要、按时进行生产。MRP Ⅱ的主要环节涉及经营规划、销售与运作计划、主生产计划、物料清单与物料需求计划、能力需求计划、车间作业管理、物料管理(库存管理与采购管理)、产品成本管理、财务管理等。从一定意义上讲，MRP Ⅱ系统实现了物流、信息流与资金流在企业管理方面的集成。由于MRP Ⅱ系统能为企业生产经营提供一个完整而详尽的计划，可使企业内各部门的活动协调一致，形成一个整体，它能提高企业的整体效率和效益。

正因为MRP Ⅱ的先进性，华为很早就开始引进，任正非希望通过MRP Ⅱ管理软件，将业务流程程式化，提高综合管理效率。

行动指南

最安全高效的操作模式是业务流程程序化。

4月2日 成本控制

管理中最难的是成本控制。没有科学合理的成本控制方法，企业就处在生死关头。全体员工都要动员起来，优化管理，要减人、增产、涨工资。明年生产要翻一番，但人员不一定要翻一番。从管理中要效益，只有在管理上进步了，我们才可能实现机关干部与研发、市场同工同酬。

——摘自《再论反骄破满，在思想上艰苦奋斗》，1996 年 6 月

背景分析

《华为基本法》对成本控制做了详细的解读，第八十二条规定："成本是市场竞争的关键制胜因素。成本控制应当从产品价值链的角度，权衡投入产出的综合效益，合理地确定控制策略。应重点控制的主要成本驱动因素包括：①设计成本；②采购成本和外协成本；③质量成本，特别是因产品质量和工作质量问题引起的维护成本；④库存成本，特别是由于版本升级而造成的呆料和死料；⑤期间费用中的浪费。"第八十三条也规定："控制成本的前提是正确地核算产品和项目的成本与费用。应当根据公司经营活动的特点，合理分摊费用。公司对产品成本实行目标成本控制，在产品的立项和设计中实行成本否决。目标成本的确定依据是产品的竞争性市场价格。必须把降低成本的绩效改进指标纳入各部门的绩效考核体系，与部门主管和员工的切身利益挂钩，建立自觉降低成本的机制。"

任正非反复强调，如果华为不能控制成本，随着企业竞争越来越激烈，利润空间越来越小，公司的生存和发展将面临很大的困难。

在这种情况下，企业降低成本就显得更加重要了。任正非早就认识到了这一点，他说，华为现在每年销售额有几百亿元，但如果公司以后的销售额还是跟现在一样，那么就很难生存下来，因为公司所用的成本太高了。他预言，今后电信行业的利润会越来越低，那么公司就必须竭尽所能地降低成本，那样才能盈利。因此，就必须加强财务管理，避免浪费，控制成本。

行动指南

成本控制是企业永远要做的功课。

4月3日 规划财务

财务在账务正规化建设上做出了努力，逐渐建立了明晰的分层结构的模块管理构架，为公司的财务进步打下了基础。在融资方面，理顺和拓宽了渠道，缓解了公司资金困难的局面，逐步对国际融资有了探索。公司的内部审计系统，在流程及制度审计方面做出努力，提升对不同业务进行审计的能力，找出了问题，提出了改进的意见，正在为建设一个健全的审计系统做出努力。

——摘自《自强不息，荣辱与共，促进管理的进步》，1997年7月

背景分析

美国人詹姆斯·C.范霍恩在《现代企业财务管理》（1998年版）中对财务管理的定义是，财务管理是在一定的整体目标下，关于资产的购置、融资和管理。作为至今仍然不是上市公司的华为，其融资手段是十分有限的。创业初期，华为通过内部员工持股融资，甚至借高利贷应付资金短缺。1996年以后，华为主要是靠银行贷款满足自身发展需求。为了进一步拓宽融资渠道，任正非要求公司内部审计系统在流程以及制度审计方面应该进一步完善，通过借鉴国际融资方式，提高华为的财务管理水平。

行动指南

融资管理对公司的发展至关重要。

4月5日 公开的不只是财务报表

（华为的）审计报告是要公开的，目的是让客户信任我们，投标时客户的董事会还要对这些报表进行审查。审计不只是看财务报表，很多细节都在看。如果我们没有

非常严格的管理制度，那就会混乱不堪，国际运营商、国际客户怎么会信任我们呢？

所以，公开的不只是财务报表，财务报表只是一个形式，我们公布的东西多了，必须公布，非上市公司并不等于比上市公司自由和管理差。我们要对全世界客户负责，首先是公开，每个合同投标都要上审计报表，因为这些合同可能要经过客户董事会审批。从这一点来说，我们公开报表并不是被迫的，本来就有这个需要。

——摘自任正非接受《南华早报》商业财经新闻主编采访，2020年5月

背景分析

华为每年有数以万计的国际合同要投标，每个合同投标时都要附上审计报表，没有审计报表，华为连投标资格都没有。所以，华为的审计必须是世界上最权威的公司。现在给华为做审计的是KPMG，长期对华为在170多个国家的多种业务开展多种范围审计，每年3月左右出审计报告。

KPMG中文名称是毕马威会计师事务所，是一家世界著名的集审计、税务和咨询等服务于一体的服务机构，成立时间为1897年，总部位于荷兰阿姆斯特丹。

虽然华为不是上市公司，按照中国的公司法，可以不向社会公开详细的财务数据、经营状况，但是，华为从10多年前就开始聘请世界著名的独立审计机构对公司进行全面审计，并且向社会公布主要数据。

很多人都认为华为不够开放，但从定时公布年度经营数据来看，华为至少在这方面还是相当开放的。任正非上面这段话道出了华为公布财务数据的重要原因——严格按照国际准则进行规范经营，取得客户的信任。任正非说华为公开的不只是财务数据，其实是在说，华为一直秉承开放、坦诚的经营理念。

行动指南

主动公开关键数据、关键环节才能做到规范经营。从一定意义上讲，主动公开才有利于赢得客户的信任。

4月7日 简化差旅费审批制度

推动差旅费的改革，要简化审批制度，这样权签人就很清楚了，实际上是两个权签人。一个是主管，另外一个是主管的领导。

——摘自《IFS 项目组及财经体系员工座谈纪要》，2009 年 2 月

背景分析

2009 年年初，在 IFS（集成财务转型）项目组及财经体系员工座谈会上，任正非直批华为以前的差旅管理是极其落后的。在过去，华为员工出差的手续费用等的审批需要亲自去办理，几经折腾，回国办签证也要等待半个月。在任正非看来，帮忙办签证的慧通公司（华为外包公司）的人不去办理，反而让华为的高薪员工跑公安局办手续，这显然是极大的浪费。

行动指南

现代化的差旅管理模式能为企业提供完善、快捷、方便、经济的差旅服务，为企业节约费用。建立一套体现企业文化、人性化的差旅政策，既能激励出差员工，又有利于差旅费用的控制和整个企业的管理水平的提升。

4月8日 只做到水龙头为止

我们只做到水龙头为止，水龙头以外的东西我们暂时不要投资，否则的话，我们怎样度过这场金融危机？这是我的看法，软件怎么去考核？就和全公司所有部门一样，正的现金流、正的利润流、正的效益增长。

——摘自《IFS 项目组及财经体系员工座谈纪要》，2009 年 2 月

背景分析

华为在 2004 到 2008 年期间，剥离出去一大堆的公司，其中有海思半导体有限公司、华为大学、华为软件技术有限公司等，其中只有一个终端成功了。

在任正非看来，软件业务让华为得以建立一个支持电信网络宽带化的构架，并能开放中间件平台，让别人的业务产品可以载在华为的平台上。这个平台可以扩大华为网络产品的使用价值，至于管道内部的介质，由互联网去做，华为不行。华为要建立一个低成本的开发方式，比如中专生编程，并向印度公司学习，拥有好的外包方式。

华为的软件公司在荣誉感的驱使下，没做好平台，反而是产品百花齐放，业务产品不能与互联网公司相比。在 2009 年 IFS 项目组及财经体系员工座谈会上，任正非针对这种现状提出，华为的未来要聚焦在网络制造上，做一个好的管道制造公司，产品只做到水龙头为止。华为的软件项目主要是支持这个管道的扩张与运行，它必须得紧紧贴在网络上。华为要将大量的软件开发应用，开放给各种 IT 公司，自己只管做好平台，就像土地可以种玉米，玉米死了可以种黄豆一样，任随风云变幻，业务产品不断兴亡，土地与平台只会越来越丰富。华为软件公司的目的是增强华为的网络制造竞争力。任正非每次批示，都会问员工是不是在做管道产品，若不是做管道产品他就建议 IRB（内部评效）将其切掉。任正非预言，将来一定会崛起一个伟大的"管道"公司，当然不一定是华为，但软件公司不能分散华为的竞争实力。

行动指南

如果企业专注于它的核心市场、核心业务，并在行业内建立优势，那么它的抗风险能力会强于多元经营的企业。企业能弃大守精、缩减规模，专注核心业务是种境界。

4月10日 优化财务管理制度

财务管理在 1997 年全面达到国际、国内高水平规范化的账务管理的基础上，加强成本控制管理。从预算管理入手，以成本管理为基础，深刻地去优化财务管理制度与经济指标考核制度。要努力去实现核算体系规范化、科学化，财务管理制度化、流程化，组织建设专业化、国际化，业务处理模块集成化、标准化，为财务走向规范管理打下基础。要坚决地在财务系统推行ISO9000及MRP Ⅱ。建设符合华为特点的流程控制及管理框架。聘请顾问公司，加快国际接轨的步伐。

——摘自《自强不息，荣辱与共，促进管理的进步》，1997年7月

背景分析

公司成立不久，华为就成立管理科，不断招聘管理学硕士、博士来抓公司的管理。从1991到1995年，华为的管理体系建设主要靠自己摸索，取得了一定的成绩，如在公司计划管理、产品开发项目管理、销售管理等方面，但是整体还比较落后，在很多方面走了弯路。1996年，公司在管理建设方面改变思路，全面借助外力建立公司的管理体系，请KPMG公司建立财务管理系统。1997年，华为在财务管理体制方面进一步引进美国先进大企业的管理模式，加快了财务管理与国际接轨的步伐。

2001年，华为将公司1997年以来实施的"全员持股"逐步改造成与公司净资产相匹配的"虚拟受限股"，以使内部财务管理更符合国际惯例。

行动指南

要成为一个国际化的企业，财务管理也必须与国际接轨。

4月13日 财务管理国际化

这些年，华为通过与PWC、IBM的合作，不断推进核算体系、预算体系、监控体系和审计体系流程的变革，在"以业务为主导，会计为监督"的原则指导下，参与构建完成了业务流程端到端的打通，构建了高效的、全球一体化的财经服务、管理、

监控平台，更有效地支持公司业务的发展。通过落实财务制度流程、组织机构、人力资源和IT平台的"四统一"，以支撑不同国家、不同法律业务发展的需要；通过审计、内控、投资监管体系的建设，降低和防范公司的经营风险；通过"计划－预算－核算－分析－监控－责任考核"闭环的弹性预算体系，以有效、快速、准确、安全的服务业务流程，利用高层绩效考核的宏观牵引，促进公司经营目标的实现。

华为的客户、合作伙伴和员工，能够24小时自由安排网上学习和培训考试，采用网上招聘和网上考评，通过连接每一个办公区域的一卡通系统，人力资源部可每天对3万人实现精确的考核管理，准确地把数据纳入每月薪酬与福利计算。

——摘自《华为的战略》，2020年9月

背景分析

自1997年开始，华为与PWC（普华永道）合作，大力推进核算体系、预算体系、监控体系和审计体系流程的变革，随着IT建设的全面展开，Intranet网络（企业内部网）专线连接了华为在国内的所有机构及在拉美、独联体、欧洲等的海外机构。硬件、软件，加上高素质的IT化财务人员，华为财务体系终于实现了国际化。

行动指南

财务管理的国际化是中国公司在管理中遭遇的最难啃的骨头。

4月14日 内部审计

要在流程中设立监控点、审计点，各级干部要对不同的监控、审计点负责任，要深入到实际中去，亲自审核数据，不要浮在水面上，要让自动审计成为可能。审计是否已去剖析流程的合理性？是否深刻认识与分析计划模型在实践中的实时控制和调节能力？计划、统计、审计是否充满在每一个环节，使之形成管理的三角形？如果每个管理环节都为三角形叠加，公司的稳固性与在大发展中的适应性就有了很好的基础。

——摘自《狭路相逢勇者生》，1998 年 3 月

公司内部审计是对公司各部门、事业部和子公司经营活动的真实性、合法性、效益性及各种内部控制制度的科学性和有效性进行审查、核实和评价的一种监控活动。公司审计部门除了履行财务审计、项目审计、合同审计、离任审计……基本内部审计等职能外，还要对计划、关键业务流程及主要管理制度等关系公司目标的重要工作进行审计，把内部审计与业务管理的进步结合起来，参考和借鉴国外先进企业的财务管理模式，包括审计方法、监控体系等。

——摘自《华为基本法》，1998 年 3 月

我们要深入理解计划、统计、审计三角形管理的深刻内涵。碳元素平行排列，形成石墨；正三角形排列，形成金刚石。三角形循环管理的组织、流程体系是我们大发展的基础。在管理上坚定不移地推行内部审计，任何部门及高位的领导都必须支持。

——摘自《自强不息，荣辱与共，促进管理的进步》，1997 年 7 月

背景分析

华为曾大量招收综合素质较高的 IT 审计经理，这些人有的被长期派驻到华为的海外分支机构，主要进行风险评估、规划部门 IT 审计工作；有的审计 ERP 系统、应用系统、操作系统、网络架构、电脑中心等 IT 相关系统和设施；有的为业务主管提供应用系统安全控制的建议；有的为部门评估、开发审计软件以提高审计效率，配合业务审计开展工作，及为其他同事提供 IT 审计培训。显然，要担负起上述繁杂的审计工作，必须具备包括 IT 技术、会计学在内的多学科知识。因此，在招收这样的员工的时候，华为明确提出：求职的人员必须具备大学电子计算机、信息工程或相关专业知识；熟悉 Oracle ERP 系统、电脑操作系统、数据库、路由器、防火墙、应用系统开发语言及流程、项目管理。此外，如果长期驻扎在外，还被要求熟练掌握普通话与英语。

任正非一再强调，他反对公司内部任何形式的行贿、受贿等贪污腐败行为。因此，在管理上，必须坚定不移地推行内部审计，这样才能使公司的财务更加透明。华为的

财务报表由 KPMG 公司审计。审计无疑是个复杂的工作，因此审计人员必须要有充分的责任心和耐心。对管理者来说，要对不同的监控、审计点负责任，要深入到实际中去，亲自审核数据，落到实处；对于被监控、被审计者来说，要积极配合审计工作。这样审计工作才能形成一种制度，才能正常地运行。

行动指南

管理是建立内部秩序，严格的内部纪律是企业成长的必要条件。

4月16日 对质量成本负责

任何事情都有一个尺度，现在已经看到过度削减成本对质量造成的冲击。现在部门定 KPI（关键绩效指标法）的时候，除了看成本，还应该看质量成本，因为出了问题，可能质量成本会更高。部门应该不仅对成本负责，还应该对质量负责。

——摘自《PMS 高端项目经理的座谈纪要》，2009 年 3 月

背景分析

据《移动信息》2011 年第 8 期的报道：2009 年 2 月、3 月、5 月间，在中国香港连续发生了 3 次华为手机爆炸事件。报道中还有部分华为手机用户的抱怨："TD 定制华为 T2211 存在很大问题，固件不稳定，系统丢失，死机无法重启，扬声器失声。""我的华为 U8800 刚买不到 7 天就死机数次，打电话时间长了机身发热、触摸屏失灵。"

一堆的用户抱怨，与华为世界 500 强的身份极不协调，在部分用户看来，"华为手机价格便宜，但这不是质量差的理由"。

2009 年 3 月 27 日，华为 GTS 网络部署服务部组织了 PMS2009 全球高端项目经理研讨会，会上，华为人再次重申，在分解 KPI 指标时，必须把提高产品质量和稳定性放在突出位置，进一步强调质量和稳定性的重要性。

> 行动指南

质量成本，是指为保证产品符合一定质量所产生的一切损失和费用。不良质量成本，是指由于质量不良而造成的成本损失。在市场竞争激烈的今天，质量高低是企业核心竞争力强弱的体现，许多企业就是栽在质量低下这个环节上。

4月18日 向研发倾斜

我们始终坚持以大于10%的销售收入作为研发经费。公司发展这么多年，员工绝大多数没有房子住，我们发扬的是"大庆精神"、先生产、后生活。而在研发经费的投入上，多年来一直未动摇，所有员工也都能接受。有人问过我："你们投这么多钱是从哪儿来的？"实际上是从牙缝中省出来的。我们的发展必须高于行业平均增长速度和行业主要竞争对手的增长速度。

——摘自《华为的红旗到底能打多久》，1998年8月

> 背景分析

财务管理中的重要一项就是对公司各方面投入的规划，如营销环节的投入、广告方面的投入以及公关方面的投入规划等。对华为来说，为了使产品更具有竞争力，更能满足客户的需求，华为对科研的投入一直都是巨大的。《华为基本法》第一条规定："华为的追求是在电子信息领域实现顾客的梦想，并依靠点点滴滴、锲而不舍的艰苦追求，使我们成为世界级领先企业。为了使华为成为世界一流的设备供应商，我们将永不进入信息服务业。通过无依赖的市场压力传递，使内部机制永远处于激活状态。"因此，华为每年都会拿出销售额10%以上的经费投入到研发当中去，以确保华为能够生存和发展下去。

2006年，华为的研发经费高达59亿元，占当年企业营收比重的8.9%。多年在技术上的持续巨额投入和积累，使得华为在2006年拥有专利2575项，而2006年当年华

为提交的国际专利申请,甚至已经超过了美国思科公司,达 575 件。

行动指南

对于华为这样以技术立企的公司来说,充足的研发投入是企业良好发展的必要条件,但是,很多公司不愿意过多投入研发,这种挣快钱的行为,往往导致公司发展难以为继。

4月20日 财务共享

到目前为止,华为公司在国内的账务已经实行了共享,并且实现了统一的全球会计科目编码,海外机构已经建立财务服务和监控机构,实现了网上财务管理。建立了弹性计划预算体系和全流程成本管理的理念,建立了独立的审计体系,并构建了外部审计、内部控制、业务稽核的三级监控,来降低公司的财务风险和金融风险。

——摘自《华为的战略》,2020 年 9 月

背景分析

2006 年 4 月 26 日,毛里求斯总理纳文应邀出席华为毛里求斯有限公司财务共享服务中心落成庆典,出席庆典的还有毛里求斯副总理兼财经部长希达南、信息技术和电信部长希纳唐布、青年和体育部长邓学昇以及中国驻毛里求斯大使高玉琛、华为公司副总裁等。

此时,毛里求斯的经济遇到一些困难,政府正致力于建设信息、金融等新兴产业,以摆脱困境,重振经济。华为将撒哈拉以南非洲地区财务共享服务中心所在地设置到了毛里求斯。

像这样的财务共享服务中心,华为已经以区域为单位建立了多个。在国内财务实现数据共享之后,海外财务数据也在共享过程中。在 IT 化的财务管理系统中,财务报

表全部由系统自动生成，现金流量表也由年报改为月报，甚至会缩短为周报，这大大提高了财务数据的准确性、及时性，也大大提高了现金流的使用效率。

行动指南

财务共享的前提是各种财务数据录入准确。

4月21日 不提倡降低所有成本

我们提倡的成本降低不是提倡所有成本降低，是提倡可有可无、不重要成本的降低。

——摘自《驻外行政人员培训交流沟通会的座谈纪要》，2009年3月

背景分析

2009年3月12日下午，在华为驻外行政人员培训交流沟通会上，武汉研究所的耿茂华向任正非提出了这样的问题："行政管理的工作目标是不断提高员工满意度，降低成本，行政工作人员的工作是需要很多付出的，但目前定位较低，个人价值、职业通道和职业认可度如何体现？"

任正非的回答是："行政工作不是无限提升员工满意度，不能无限制地满足员工需求。任何事情要适度，吊高了胃口，你满足不了。同时，公司对做出贡献的人，给予合理的回报，给在实践中成功的人给予合理的发展机会。待遇也要同比，贡献和回报是对等的。"

行动指南

成本费用对产品的价格影响很大，成本控制可以提高企业的竞争力，但企业在追

求成本最低化的同时，还要坚持适度原则，要妥善处理好成本与效率、成本与质量的关系。

4月22日 仅仅向 IBM 学财务

我们仅仅向 IBM 学财务，而不学其他东西。我们向它学它的优点、方法。不要僵化了、不要教条了。

——摘自《IFS 项目组及财经体系员工座谈纪要》，2009 年 2 月

背景分析

2007 年年初，任正非亲自给 IBM 首席执行官彭明盛写了封信，希望效仿 IBM 的财务管理模式进行转型。华为需要的不是 IBM 提供一般的财务咨询顾问，而是希望 IBM 的财务人员能亲自参与华为的财务转型项目。

2007 年 7 月，IBM 邀请华为公司近 10 位财务相关人员到美国总部进行了为期三天的访问，了解 IBM 财务系统。不久，华为公司正式启动 IFS 项目。IBM 也正式把华为公司升级为事业部客户，并派各个地区 CFO 级别的财务人员参与华为财务转型项目。

任正非为什么如此大动作地进行财务转型？根据华为 2007 年年报，华为营业利润率从 2003 年的 19% 下降到了 2007 年的 7%，净利润率则从 14% 下降到了 5%。随着业务的突飞猛进，华为的利润率却逐年下滑。任正非意识到，如果没有一个全球化的财务管理，财务风险将难以控制。在任正非看来，IBM 作为百年老店，其财务管理非常严谨，全球化运作最为成熟，是华为最佳的学习对象。他相信 IMB 能给华为的财务管理带来"脱胎换骨式的改变"。

> **行动指南**

国际大公司的财务预期都非常准确，比如，他们的每个产品的定价和成本核算，都拥有一套完整的制度和运作流程，能确保每一单投标都能清楚地计算出成本和利润。企业不能不计成本地占领市场，而要强调盈利能力，并将此体现在考核指标上。

4月23日 财务人员要懂业务

如果我们的财务人员长期不懂业务，就没法跟前方沟通，所以我们的财务人员要加快自身的提升和改造，加快对业务的理解。因此，我呼唤共享中心的人，你们一定要尽快把自己转变成半业务型的专家。你们如果一点都不懂业务，怎么可能会提升起来？你们不成为业务专家，怎么能做好财务？

我们的年销售额已经到了200多亿元，我们的增长速度还会保持在30%~40%，放眼望去全世界有哪家公司，依靠不懂业务的财务人员在支撑着？为什么华为有那么强的战斗力？你看我们的会计可以不懂业务就能支撑起庞大的华为，从200亿到300亿元的增长，这是史无前例的，没有看到任何一个世界级公司有如此大规模的时候还有这么大幅度的增长速度，你觉得你职业生涯的通道还少吗？这就是呼唤你们财务人员"工夫在诗外"，牺牲一点休息时间，很好地去学习业务。

——摘自《IFS项目组及财经体系员工座谈纪要》，2009年2月

> **背景分析**

近20多年来，IBM把共享服务当成公司的战略，以此实现内部优化、提高效率、加强监控。对于华为来说，共享服务是起步阶段的战略。华为提倡要把权力下放到一线去，但有不少华为员工却提出了困惑：虽然权力下放到一线和共享服务本身不是冲突的，可业界共享服务的设计理念和方法，恰好是把端到端流程（End to End）打开来看，华为哪些活动是应该放到一线去的，哪些活动是可以集中在一起提高效率的。如果把

适合放在一线的活动，人为地放到了机关的话，那可能就会影响效率。

任正非给出的回应是，华为不仅在财务上推行共享中心，在业务上也要推行共享中心。他建议共享中心的人对业务要熟悉，以避免出现官僚化。如果财务人员一点都不懂业务，那么他就不可能获得提升，不能成为业务专家，就不能做好账务。任正非特别提到，共享中心的财务人员远隔千山万水跟一线沟通，却不知道一线在干什么，那电话费都浪费了。任正非指出，共享中心如果只以纯财务专家为基础是一定要崩溃的。

行动指南

企业的账务部门和业务部门用的是典型的两种"语言"，财务人员不知道业务人员需要什么，业务人员也不知道财务人员能提供什么。随着市场竞争的加剧，财务人员不能只是记账，他要变成企业价值的管理者，变成业务人员的伙伴，帮业务人员赚钱。

4月24日 财务部是服务部门

内审实际上就是要帮助建立一个责任体系，如果处处都由你们承担监管责任的话，你们的组织就庞大到我们付不起工资，因为你们也是不直接创造价值的部门，这样的部门编制就不能太大，我们要把70%的资源用到直接创造价值的部门去，整个财务都是服务性的部门，保持高效的运作才是我们的目标。

——摘自《IFS项目组及财经体系员工座谈纪要》，2009年2月

背景分析

关于内审人员的问题，从业界来看，基本上都会有30%~40%的审计人员是来自各业务部门的专家，IBM有50%左右，但华为却没有审计人员的轮换。任正非在2003年曾签发了关于内审人员的轮换文件，互换各业务部门的专家来审计部锻炼，但只持

续执行了一年，就断断续续没有执行了。

华为的内审人员指出，直到2009年，华为还是很缺乏审计业务专家的。然而任正非却不这么认为，他认为审计的作用是建立核威慑，建立冷战体系，而不是事无巨细，不是处处都管得非常好，如果处处都由审计承担监管责任，那么审计组织就会过于庞大。财务部门作为非直接创造价值的部门，作为要保持高效动作的服务部门，编制不能太大。任正非希望审计要不定期地抽查，抓到一个地方就去深入追查，建立恐吓和威慑系统，帮助华为建立一个责任体系。

行动指南

财务部门"重监管、轻服务"的失衡现象普遍存在，财务部门偏重对企业资财的监管，而忽视站在企业管理的角度做好服务。以"服务"作导向的财务部门，要为管理层提供决策服务，为各业务部门提供咨询诊断服务，为企业加强管理和提高效益服务。

4月26日 拒绝浪费

我们永远不能停滞不前，永远不能沾沾自喜，认为今年的产品比去年的好得多了，这就行了吗？今年我们发中研部呆滞物料奖，明年我们要把用户中心的飞机票，也打成一个个包，再发给中研人员做奖状，让他拿回家去对亲人说是自己得的浪费奖！华为公司实行低成本战略，其实我们的产品成本并不高，而是研发浪费太大！

浪费就是马虎，不认认真真，我今天不想点一些人的名字，今天是一个很美好的时刻，不提那些不好的名字。我们如果不从做论文的那种马马虎虎、骗糊涂教授的方式转变过来，肯定会产生很大的问题，我希望大家高度注意到这一点。市场部今年对中研部应该说是很客气的，能忍受就忍受，能扛住就扛住，扛不住才把矛盾推向公司，要飞机票，说是机器需要紧急修理，为什么那么紧急？就是中研产品不过硬。所以我们要真真实实地认识到我们所存在的问题，我们最大的问题就是上次在中研部提到的问题：幼稚。一定要克服幼稚。我认为我们到下个世纪将不会再幼稚，我们必须从现在开始就要克服幼稚，如果我们能够在两三年之内构筑这方面管理上的进步，那么 21 世纪我们将是大有希望的。

——摘自《全心全意对产品负责，全心全意为客户服务》，1998 年 9 月

背景分析

由于研发管理的落后，华为在创业初期，在研发环节的浪费很大。1998 年，任正非亲自主持召开大会，将中研部由于研发上的失误导致的呆滞物料，作为奖品发放到每个人手里。另外，研发或生产环节出了一个小失误，造成设备有瑕疵，导致用户安装后故障不断，要从深圳总部派技术工程师专程去检查、维修，导致后期的服务成本巨大。任正非说，1999 年要把用户中心的飞机票打成包，发给中研人员，作为"浪费奖"拿回家。

在 1999 年的中国，研发过程中浪费巨大，不单单发生在华为公司，所有中国企业都有这样的问题，只不过由于华为在研发上的投入巨大，浪费现象表现得更突出。据说 2004 年，一心想做"高科技联想"的联想集团总裁杨元庆访问华为，问任正非，联想如何才能提高科技含量。任正非实言相告：联想想发展成技术型企业，难。华为高投入、高产出的业务模式已经形成，一年投入几十亿元的研发费用，才赚十几个亿，更重要的是，华为在研发上砸进去多少，都没有人有意见，因为华为至今还是家民营企业，股东是全体员工。联想如果大幅度提高研发费用，但产品卖不上高价，短期不受益，股东和投资人是不会答应的，这样的模式就很难坚持下去。

行动指南

研发确实需要高投入，但是如果控制不好研发环节，投入的钱再多，也难以产生效益，这样的研发就是浪费。杜绝浪费，不但要完善制度，加大监控力度，还要消除思想上的麻痹大意，提倡斤斤计较。

4月27日 财富和利润

没有合理的成长速度，就没有足够的能力给员工提供更多的发展机会，从而吸引更多企业所需的优秀人才。人才的发展是马太效应，当我们企业有很好的经济效益时，就能更多地支撑人才加入，有了更多的优秀人才进入华为，由于我们有较高的管理水平，就会使人才尽快地成长起来，创造更多的财富。以更多的财富支撑更多的人才来加入，使我们的企业管理更加优化，我们的企业就有了持续发展的基础。

——摘自《不做昙花一现的英雄》，1988年8月

我们将按照我们的事业可持续成长的要求，设立每个时期的合理利润率和利润目标，而不是单纯追求利润的最大化。

——摘自《华为基本法》，1998年3月

背景分析

1999年，华为销售额首次突破了百亿元大关。2003年，华为的销售额为317亿元，2004年实现销售额462亿元，到2006年，公司全年销售收入达到656亿元，海外销售额所占比例突破65%，且每年的销售额以超过100%的速度增长。同国内同类公司相比，华为的成长速度无疑是首屈一指的。

这样辉煌的业绩无疑吸引了大批的人才加入到华为，同时，华为也强调对财富的管理，如对研发投入的比例不能少，对优秀员工的待遇不能低。这也是华为财富能够持续增长的一个重要原因。但是，与很多将目标定位为追求利润最大化的公司不同，华为明确规定，只追求合理利润率和利润目标，不单纯追求利润的最大化，因为华为更注重可持续成长。因此，华为在市场、研发上不计成本地投入，虽然这在相当程度上降低了华为的利润率，但却使华为获得了长足发展的动力。

行动指南

企业对待财富要冷静，财富是企业追求的主要目标，但绝非唯一目标，否则，企业肯定做不大。

4月28日 上市

我们不是不上市，而是在找一个合适的机会。

我们在产品领域经营成功的基础上探索资本经营，利用产权机制更大规模地调动资源。实践表明，实现这种转变取决于我们的技术实力、营销实力、管理实力和时机。

我们计划先将莫贝克股份公司转化为上市公司，然后，清理华为公司内部产权，让社会资金进入，再将华为公司扩充成08集团，在运行稳定后，同样转化为上市公司。成立08集团的事，中央及地方政府十分关注。

——摘自《上海电话信息技术和业务管理研讨会致谢词》，1995年6月

背景分析

华为的注册资本先后有过重大变化。2001年9月，华为接受财务顾问的建议，以股利88亿元实行增资，将华为新技术有限公司工会手中11.85%的股权并入华为技术工会名下，华为的股东变更为华为投资控股有限公司与自然人纪平。2002年，华为将数据、移动终端、芯片几大发展中业务从"华为技术有限公司"中剥离出来，以达到"华为技术有限公司"主业与核心资产清晰。

上述举动，一度被媒体解释为华为是在为上市做准备。但时至今日，华为还没有任何确凿的上市消息。虽然任正非曾经一度排斥资本市场，但他并不反对华为进行资本经营。华为其实也并没有放弃上市计划，因为对华为来说，上市的目的可能并不是为了得到大笔资金，因为华为不缺资金。但是从规范管理的角度，从做百年企业的角度看，上市是提升管理的很好途径。

> **行动指南**

上市是对企业综合素质的检测，更是对企业综合实力的提升。

4月30日 财务管理专利

我们公司从小发展到大，不到10年时间，今年将向年产值100亿元冲击。财经管理系统的干部，10年巧妇，还没有熬成婆。我们成功地引入了MRP Ⅱ，ISO9000也在不断地优化，合理化管理工作正在人们心中展开。

在公司宏观管理大纲的指引下，微观管理正一步一步地落实。只有做实才有希望，这些已让人们接受，财务、计划、审计、管理、认证的部门以此脱颖而出，在各自的领域走上了正轨。但是相比我们产品研究、市场营销，与国际接轨的目标是瞄准世界一流公司，我们财经系统的目标是否低了一些，我们能否迎接大发展的风暴，人们心存疑问。

——摘自《狭路相逢勇者生》，1998年3月

> **背景分析**

2005年1月1日起，GB/T19581——《信息技术、会计核算软件数据接口》国家标准开始在全国实施。中国将耗资数十亿元构建一个知识产权预警与应急信息大平台。这意味着，财务会计信息处理技术领域将产生一个新的产业。我国知识产权工作做得最好的公司就是台湾鸿海及其关系企业深圳鸿富锦、深圳富士康等。但是近年来，富士康公司培养的财会领域的知识产权人才已经分散到华为等一批公司内，华为在财务会计信息处理领域迅速崛起。利用这个机会，华为正在积极部署，力图在财务管理专利领域有更大收获。

> **行动指南**

财务信息化既是公司自身发展的需要，又可以成为公司新的利润增长点。

5月

供应链：生存之本

5月1日 供应链就是生态链

从企业活下去的根本来看，企业要有利润，但利润只能从客户那里来。华为的生存本身是靠满足客户需求，提供客户所需的产品和服务，并获得合理的回报来支撑。员工是要给工资的，股东是要给回报的，天底下唯一给华为钱的，只有客户。我们不为客户服务，还能为谁服务？客户是我们生存的唯一理由！既然决定企业生死存亡的是客户，提供企业生存价值的是客户，企业就必须为客户服务。

现代企业竞争已不是单个企业与单个企业的竞争，而是一条供应链与供应链的竞争。企业的供应链就是一条生态链，客户、合作者、供应商、制造商的命运都在一条船上。

——摘自《华为公司的核心价值观》，2010年5月

背景分析

现代化的企业与传统农业、手工业作坊的明显不同之处是，现代化企业里的分工

越来越细，专业化要求越来越高，这导致了供应链概念的产生。近年来，随着制造业全球化程度越来越高，以及信息管理技术的迅速发展，供应链在制造业管理中得到普遍应用，成为一种全新的管理模式。

早期的观点认为，供应链是制造企业中的一个内部过程，供应链管理是企业的内部操作，注重企业的自身利益目标。随着企业经营的进一步发展，现代供应链的概念更加注重围绕核心企业的网链关系。2000年，马士华的《供应链管理》一书中给供应链做了一个较为完善的定义：供应链是围绕核心企业，通过对信息流、物流、资金流的控制，从采购原材料开始，制成中间产品以及最终产品，最后由销售网络把产品送到消费者手中的，将供应商、制造商、分销商、零售商，直到最终用户连成一个整体的功能网链结构模式。

这在华为也表现得特别明显。华为上下游的关联企业多达数千家，华为与这些企业的关系非常密切，它们之间可谓是一种互相依存的关系，华为离不开上下游供应商，那些供应商更离不开华为。因此任正非认为，企业的供应链就是一条生态链，客户、合作者、供应商、制造商的命运都在一条船上，只有加强合作，企业才能生存和发展。

行动指南

供应链各个环节都是平等的，这是供应链正常运作的基础。

5月2日 集成供应链管理

从1998年起，华为系统地引入世界级管理咨询公司的管理经验，在集成产品开发（IPD）、集成供应链（ISC）、人力资源管理、财务管理、质量控制等诸多方面，与IBM、合益集团、美世、普华永道、德国国家应用研究院等公司展开了深入合作，全面构筑客户需求驱动的组织流程和管理体系。

——摘自《华为公司的核心价值观》，2010年5月

背景分析

集成供应链管理（Integrated Supply Chain Management，简称ISC）是指跨越供应链上多个环节或功能，对计划进行协调，由于信息传递更加及时、准确、全面，因此更有利于决策者做出准确判断。集成供应链比传统供应链管理更加敏捷、灵活。大多数供应链是一个围绕核心企业的网状结构。集成供应链以先进的信息手段集成传统商业活动中的物流、资金流和信息流，同时帮助企业将客户、经销商、供应商以及员工结合在一起。

在电子商务的推动下，集成供应链管理已成为供应链管理发展的新方向，成为企业适应全球竞争的有效途径。华为为了提高供应链管理的效率，从1997年开始引进集成供应链管理系统，经过了五个阶段：项目启动阶段，主要工作是双方共同建立实施队伍，进行人员配备，建立组织架构，制订项目实施大纲，建立实施环境；业务蓝图阶段，服务提供方整理华为的现有业务流程，并形成新的业务流程；实现阶段，通过参数配置、报表开发等方法将业务蓝图反映到软件系统中；上线准备阶段，进行系统测试，将华为的数据导入系统，进行人员培训等；系统正式运行阶段。开发任务结束，系统却刚刚开始，还要进行持续优化、改进，实现螺旋式上升。集成供应链管理在改善华为的客户管理、采购、定价及衡量内部运作效率方面取得了显著成效。

行动指南

集成是供应链管理的重要手段，是提高效率的重要途径。

5月3日 善待供应商

"低作堰"，就是节制自己的贪欲，自己留存的利润低一些，多让利给客户，以及善待上游供应商。将来的竞争就是一条产业链与另一条产业链的竞争。从上游到下游的产业链的整体强健，就是华为生存之本。

——摘自《运作与交付体系奋斗表彰大会上的讲话》，2009 年 4 月

背景分析

2009 年 6 月 5 日，华为召开了供应商 CSR（企业社会责任）培训大会，有 173 家供应商和合作伙伴高层参加了大会。会上，华为采购认证管理部总裁姚福海致辞："华为一直重视全球供应商及合作伙伴的社会责任形象，坚定不移地推行社会责任采购，并持续推动供应商提升社会责任意识和能力，促进产业链可持续发展。"

早在 2001 年，华为人就提出"供应商与客户同样重要"的理念。华为明白，从整个集成供应链的角度看，华为就应该和供应商共同开发、互为补充、一荣俱荣、一损俱损。如果企业目光短浅、盲目自大，就会失去供应商的信任，短期内企业失去的可能是品质保证，长远来看，企业丢掉的将是市场份额和竞争能力。

行动指南

未来的竞争是产业链与产业链之间的竞争，与公司间的竞争不同，产业链间的竞争更加残酷。企业应该调整采购供应商系统，多吸收引进先进的供应商管理理念，提倡一种双赢机制。

5月4日 华为要成为终端领域的重要玩家

华为终端要成为这个领域重要的玩家，到 2012 年，销售额要超过 100 亿美元。

——摘自《在华为终端工作会议上的讲话》，2011 年 2 月

背景分析

华为终端事业部曾经只是一个不起眼的"小角色",不受重视。其实,这个不起眼的角色,数年来的销售额都保持着良好的增长态势。2010 年是华为手机出现大变革的一年,华为对未来的手机终端市场前景看好,并提出"云管端"技术战略。华为终端亦作为重要的业务模块,受到重视。

2011 年初的工作会议上,任正非对华为终端业务有三个明确的指示:第一,华为终端将是华为"云管端"战略的重要组成部分;第二,华为终端要成为这个领域重要的玩家;第三,到 2012 年,销售要超过 100 亿美元。

2012 年,华为终端销售额为 80 亿美元左右,比较接近任正非当时定的目标。2019 年,华为终端实现了近 5000 亿元人民币销售额;2020 年 7 月,华为公布 2020 年上半年经营业绩,当期华为实现销售收入 4540 亿元人民币,同比增长 13.1%。

行动指南

面对终端消费者的产品,除了品质要强之外,品牌也要强。在 B2B(商家对商家)领域把产品做成功,不需要所有老百姓都知道,但在 B2C(商家对客户)领域要把产品做成功,就要把品牌做到家喻户晓。

5月5日 采购专业化

1996 年我们开始了采购的专业化、职能化分工。推行了认证、分散采购的模式,采购作业逐步走向职能化、专业化,锻炼了采购队伍,加大了对库存的控制力度;认证工作从过去的单纯商务谈判逐步转向对供应商的全面管理;以自营进出口为主、代理进口为辅的双轨进出口模式,有利于发挥香港公司资源,实行采购融资的策略。

——摘自《自强不息,荣辱与共,促进管理的进步》,1997 年 7 月

> 背景分析

企业从原材料和零部件采购、运输、加工制造、分销直至送到顾客手中的这一过程被看成是一根环环相扣的链条。而采购又是供应链系统中的第一个环节,由此可见采购的重要性。我们所说的采购是狭义的采购,就是买东西,就是企业根据需要提出采购计划,审核计划,选好供应商,经过商务谈判确定价格和交货条件,最终签订合同并按要求收货、付款的过程。成功的采购员能够为公司找到适合的供应商,从而为公司提供良好的原材料。而供应链管理的最终目的是替公司节约成本,专业的采购队伍无疑为公司的成本节约打下了基础。

> 行动指南

好的开始是成功的一半。

5月7日 市场营销

没大规模的市场营销,就发挥不了软件拷贝的附加值优势。企业就缺少再创新的机会与实力。

——摘自《我们向美国人民学习什么》,1997年12月

> 背景分析

企业的所有经营活动,都是为了让产品得到市场认可,获得适当的回报。市场营销就是使经营活动获得回报的重要环节。华为所在行业的特点决定了营销、生产规模的重要性。华为的产品中,有很大一部分是软件。软件的最大特点是拷贝成本低廉,复制的量越大,单个成本就越小。因此销售的量越大,软件的单个成本就越小。所以,任正非要求一定要发挥软件拷贝成本低的优势。华为成功的重要原因之一就是其在营

销方面具有优势。华为拥有一支能打硬仗的营销队伍，这支营销队伍拥有过硬的团队作风、强大的战斗力。从 1998 年开始，华为开始进军世界核心通信市场——欧美地区。当时的欧洲人片面地认为中国还只能生产廉价的鞋子、质量低劣的日用品，对中国人能生产高科技产品更是闻所未闻。所以在 1998 年到 1999 年连续两年中，华为在欧洲市场一无所获，但华为的营销人员屡败屡战、锲而不舍。在竞争对手滑雪度假，和家人团聚的时候，华为人却在马不停蹄地走访用户，不失时机地展示自己的产品优势，并最终有了收获，从东欧、南欧打开了市场，然后顺利地挺进西欧、北美，把胜利的旗帜插在了凯旋门——将欧洲地区总部设在了巴黎。

行动指南

高科技企业的成本优势必须通过扩大市场才能体现出来。

5月8日 完善营销系统

今年将全面开始 ISO9000 在营销系统中的贯彻，分层结构的大市场组织已经落实，为使之运转并具有活力，我们必须全力以赴，对不负责的人，要调换岗位。如果我们管理不抓上去，面临这么快速的发展，就会陷入瘫痪。

——摘自《自强不息，荣辱与共，促进管理的进步》，1997 年 7 月

背景分析

国际标准化组织（ISO）是世界最大的国际化组织。它成立于 1947 年 2 月 23 日。

1980 年，国际标准化组织正式批准成立了"质量管理和质量保证技术委员会"（TC176），并着手建立国际化的质量管理体系标准。1987 年，适用于一切经济实体、组织和机构的第一个国际质量管理标准——"ISO9000 族"系列标准诞生。ISO9000 标准是质量管理和质量保证的总称，1994 年推出第二版，2000 年 12 月推出第三版。2000

年正式颁布 ISO9000：2000 版证书，原获得的 ISO9000：1994 版证书在 2003 年 12 月 15 日起自动作废。ISO9000 标准总结了各工业发达国家在质量管理方面的先进经验，主要用于企业质量管理体系的建立、实施和改进，为企业在质量管理和质量保证方面提供指南。从 1987 年第一版 ISO9000 正式颁布以来，以其广泛的适用性和实效性被世界上数百万家单位所接受并严格执行。是否拥有 ISO9000 证书，已成为衡量一个单位是否具有与国际管理行为接轨能力的最重要标志，也成为是否能持续生产满足顾客要求的产品的衡量标准。获取 ISO9000 注册证书，已成为诸多渴望持续、良性发展的企业的当务之急。华为在 1996 年左右就开始实施 ISO9000 认证，以提高营销系统的效率。

行动指南

营销系统与国际接轨是企业成熟的表现之一。

5月10日 跟踪观察

从难、从严、从实战出发，在百般挑剔中完成小批量试生产。在大批量地投入生产之后，严格地跟踪用户服务，用一两年时间观察产品的质量与技术状况，完善一个新商品诞生的全过程。将来研究系统的高级干部，一定要经过全过程的锻炼才能成长。

——摘自《自强不息，荣辱与共，促进管理的进步》，1997 年 7 月

背景分析

一项新产品的诞生是一个复杂的流程。首先要制订新产品战略计划，对新产品的功能、定位等进行构思，包括新产品的具体形式等。有了初步构思后，要对新产品进行全面而严格的筛选。如果筛选通过，企业就会制定产品规划或项目。接下去就是新产品的具体开发阶段了。这个阶段包括技术攻关、外形设计、实验室测试等，一般在这个过程中耗费的时间最长，反复最多，失败的可能性也最大。一旦通过了实验室测

试，就可以进行小批量试生产了。小批量产品通过各种评测后，又进入中试，最后才是大批量生产——量产。然后，通过销售渠道到用户手里。华为的新产品研发严格遵循流程规定，在任何一个环节通不过，就不会往下进行，更不会达到量产阶段。产品生产出来以后，除了产品的质量与技术要过关外，还必须考虑到客户的反应，因为供应链管理的宗旨是满足客户的需求和降低生产成本。在任正非看来，产品的生产不能盲目进行，在这方面，华为也有过教训：华为曾经聘请过美国高级研究员，但生产出来的产品太先进，不能被客户接受。因此，华为的新产品淘汰率非常高，每周都有大量新产品创意提交，但大都被否定。华为在创立的初期，由于流程把握不严格，有很多产品是通过了中试后被叫停的，导致设备刚购买回来就被遗弃，浪费很大。

行动指南

优质产品是供应链运转的基础。

5月11日 协作

公司将开始加大生产装备投入，要在1997年和1998年两年建成一个现代化的加工基地。要继续加强工艺、质量的研究，制定多种规范，开展生产管理与国际接轨的各项活动。1997年，我们将对生产管理系统实施改革，在利用共同资源上，建立统一的、分专业的加工中心，如板件加工中心、机架加工中心。板件加工中心，将融采购、元器件库、机械生产线、测试线为一体；机架加工中心，将用招标的方式引进全套先进生产设备，以机柜为主的机加、塑胶、加工及外协组织管理的中心，共同为华为所有的产品服务，避免重复低水平建设。分产品建立产品部，产品部以总装总测、半成品库为一体。生产总部的服务机构在专业化、职能化分工的基础上，要加强高中级管理人员的储备与考核，为跨国经营做准备。

——摘自《自强不息，荣辱与共，促进管理的进步》，1997年7月

背景分析

通信产品结构复杂，零配件型号众多，技术要求高。在创立初期，华为还在代理别人产品的时候，仅仅是做简单的组装加工，主要是体力劳动。后来，华为自己研发出具有独立知识产权的交换机设备，以此为标志，进入了核心技术自主化阶段。在第二代无线通信设备和 3G 设备上，华为主要从事控制核心部件的研制、生产和购买，周围的大量零部件都是向协作厂家购买的。华为自己也有意培养了一些关系更为密切的协作厂家，比如专门为华为制作配套的机器外包装、机柜等的企业。这些企业有一部分是华为当年以内部创业的形式开办的。

华为在深圳基地建立了规模巨大的仓储、生产、检测中心，从德国引进了当时世界上最先进的全自动物料管理系统，统一采购，统一议价，使生产成本大大降低，生产效率大大提高。一个企业不可能什么都自己完成。在供应链系统中，协作非常重要。

行动指南

没有投入就没有产出。协作在供应链系统中，非常重要。

5月12日 重视服务

中国的技术人员重功能开发，轻技术服务，导致维护专家的成长缓慢，严重地制约了人才的均衡成长。外国公司一般都十分重视服务。没有良好的服务队伍，就是能销售也不敢大销售，没有好的服务，网络就会垮下来。我们与外国大公司的人交谈时，他们都陈述自己有一个多么大的服务网络。相比之下，华为发展并不快，资源使用上也不充分，还有潜力可以发挥。

——摘自《我们向美国人民学习什么》，1997 年 12 月

背景分析

从产品的研发到销售再到服务的整个供应链系统中,客户服务虽然是终端,但它是很重要的一个环节。国外公司流行一句话:"第一条,客户永远是正确的;第二条,如果客户错了,请参考第一条。"可见给客户提供高质量服务的重要性。任正非多次强调:虔诚地服务客户是华为存在的唯一理由。他说,在不久的将来,由于技术更新越来越快,竞争越来越激烈,公司要想继续生存和发展,就必须要有健全的客户服务体系。

行动指南

服务是生产的延伸。

5月13日 欲生先置于死地

我们决心永不进入信息服务业,把自己的目标定位成一个设备供应商。这引发的争论是很大的,最后被肯定下来,是因为只有这样一种方式,才能完成无依赖的压力传递,使队伍永远处在激活状态。进入信息服务业有什么坏处呢?自己的网络卖自己的产品时,内部就没有压力,对优良服务是企业的生命的理解也会淡化,有问题也会推诿,这样企业是必死无疑了。在国外我们经常碰到参与电信私营化这样的机会,我们均没有参加。当然我们不参加,以后卖设备会比现在困难得多,这迫使企业必须把产品的性能做到最好,质量最高,成本最低,服务最优,否则就很难销售。任何一个环节做得不好,都会受到其他环节的批评,通过这种无依赖的市场压力传递,我们内部机制永远处于激活状态。这是欲生先置于死地,也许会把我们逼成一流的设备供应商。

我们要在电子信息技术领域发展,不受其他投资机会所诱惑。树立为客户提供一揽子服务解决问题的设想,全方位为客户服务。我们广泛吸收世界电子信息技术最新研究成果,虚心向国内外优秀企业学习,在独立自主的基础上,开放合作地发展领先核心技术体系。

——摘自《华为的红旗到底能打多久》,1998年8月

背景分析

华为在成立之初就确定了以通信设备制造为核心业务的宗旨。创业以来，华为紧紧围绕着通信产业发展业务，后来将业务扩展到信息产业。在这个过程中，深圳经历了两个泡沫经济时代，一个是房地产，一个是股票。当时，在这两个行业投资的人都发了大财，但华为始终不为所动，固守在通信与信息产业。任正非后来承认，华为之所以没有被卷进去，倒不是什么出淤泥而不染，而是始终在认认真真地搞技术。正是这种要做就做最好、专一的心态，使华为在电信领域成绩斐然。

行动指南

任何一家企业的资源都是有限的，只有集中资源于核心业务，方能有所成就。

5月15日 向创新与创业倾斜

EPR系统，实现端到端集成的供应链，供应链管理人员一天就可执行两次供需与生产计划运算，以"天"为周期来灵活快速地响应市场变化，客户还可以在网上查询和跟踪订单执行状态。

我们坚决在产品与营销体系推行向创业与创新倾斜的激励机制。

——摘自《华为公司的核心价值观》，2010年5月

背景分析

任正非的一句话概括了华为对创新的态度："不创新才是华为最大的风险。"他还说："回顾华为过去10年的发展历程，我们体会到，没有创新，要在高科技行业中生存下去几乎是不可能的。在这个领域，没有喘气的机会，哪怕只落后一点点，就意味着逐渐死亡。"在产品创新方面，华为一直走在国内企业前面：1992年，开始自己生产

交换机；1994 年推出 C&C08 数字程控交换机；1996 年研制成功最先进的 C&C08STP 设备，跻身于世界少数几家能提供此类设备的通信巨头行列；到了 2002 年，公司申请专利 2154 件，发明专利申请量居国内企业之首；申请 PCT 国际专利和国外专利 198 件，是发展中国家里申请 PCT 最多的公司之一。在营销体系方面，华为也由从技术角度看待市场转变到从客户角度来审视市场。

行动指南

不创新是最大的风险。

5月16日 擅自扩张就是自杀

如果没有坚实的基础，擅自扩张，那只能是自杀。大家想一想，如果我们的产品既不可靠，也不优良，仅仅是我们的广告和说明书写得很好，我们一下子撒出去一大批产品，那会是什么结局？如果我们又没有良好的售后服务体系保障，我们面对的将会是一种什么样的局面？如果我们的制造体系不是精益求精、扎扎实实寻求产品的高质量和工艺的先进性，那么我们的产品使用在前方会有什么问题？当我们的服务系统不计成本进行扩张，我们也会走向死亡。这些假设的问题都是要解决的，就是要造就坚实的发展基础。坚实基础如何造就？要靠我们全体员工共同努力，推动公司管理的全面进步。

——摘自《不做昙花一现的英雄》，1988 年 8 月

背景分析

因盲目扩张而倒闭破产的企业不胜枚举，如德隆集团。德隆是一个拥有 270 亿元资产、超过 200 家企业的大集团，它参与了十几个产业的经营，横跨一、二、三产业，从农产品加工到金融、证券、飞机制造，走上了一条危险的扩张之路。再看亚细亚，它的破产同样是由于无度扩张。还有美国著名的安然公司，也是由于盲目扩张而破产。

所谓"兵马未动，粮草先行"，强调的就是各个环节的协调一致。公司的扩张必须充分考虑公司的供应链系统，包括售后服务、制造体系等。供应链系统是一个整体，任何一个环节出错，都会给企业带来灾难。所以，在任正非看来，在各方面的体系还不够完善的条件下盲目扩张无疑等于自杀。

行动指南

稳固的基础是企业快速发展的前提。

5月17日 以少胜多

大家也很明确，华为的通信产品技术事实上好过西门子，但是为什么西门子没有我们这么多的销售人员，却有跟我们相差不大的销售额？他们的产品稳定、问题少，而华为公司的产品不够稳定，而且中央研究部不大愿意参加QCC（品管圈）活动。什么叫作客户满意度？客户的基本需求是什么？客户的想法是什么？它把客户的想法未经科学归纳就变成了产品，而对客户的基本需求不予理会，产品自然做不稳定。它盲目地、自以为是地创新，它认为做点新东西就是创新，我不同意这个看法。我刚才看了"向日葵"圈，这就是创新，因为把一个不正确的东西的不正确率大幅度下降了。

——摘自《在实践中培养和选拔干部》，2006年3月

背景分析

通过锻炼队伍，学习西方先进企业的管理方法，改革营销观念，华为已经培养出一支优秀的营销队伍。华为的销售额每年以超过100%的速度增长，到2006年，华为销售额达到656亿元人民币，营销人员功不可没。但是，与国外大企业，如IBM、苹果公司等的销售额相比，华为还有很大的差距。任正非认为，差距就在于产品的稳定性不如国外大公司。一位任某公司副总裁的华为客户曾经说过："我们也不希望你们天天

过来,你们过来得越少,说明你们的产品稳定性越好。如果你们的产品稳定性差,你们天天过来,我们也是不满意的。如果你们过来和我们交流,打打球,我们是欢迎的,但因为产品不过关,你们天天过来服务,我们是不欢迎的。"可见,要想客户满意,产品必须具有良好的稳定性。只有产品性能稳定了,销售成本才能降低,才能做到如国外公司那样以少胜多。

行动指南

客户满意度是评价企业供应链质量高低的重要标准。

5月19日 工艺

这段时期以来,生产系统无论从产值上、质量上都有了很大的进步,我们今天开这个会的宗旨就是要使这个更进一步。生产制造是产品线的一个重要环节,它与研发、设计、中试同样的重要。而我们在这方面是十分薄弱的,将来国家在国际竞争中的主体是企业,而企业赢得竞争靠的是技术先进、服务优秀、质量可靠。我们相对来讲还是比较弱的,尤其是后者。我们对工艺与制造的重视程度还没有达到像德国、日本那样的重视程度,标志是我们的能工巧匠太少。我们要培养一支精良的工人队伍。

——摘自《能工巧匠是我们企业的宝贵财富》,1999 年 5 月

背景分析

任正非非常重视生产制造环节,他认为这是公司达到技术先进、服务优秀、质量可靠的先决条件。他说:"生产系统目前的管理还处在一个很不成熟、非常幼稚的状态。在这一点上我认为,生产系统下一阶段最重要的工作就是不断苦练基本功,从上到下每一个员工都要苦练基本功。我曾经讲过,可以把那些插件能手放在一条生产线上,把这条生产线的定额定下来,不怕他们超定额,不怕他们高工资,要给其他人树立一

个榜样。要把一些认真负责的能工巧匠的工资提起来。但不要一提'比武'就是比速度,我认为不要忽略质量、忽略遵守规章和处理问题的能力。"德国企业强调质量过硬,在机械化时代,德国制造曾经风靡一时;日本企业强调精致,成为电子时代的技术标杆。两国企业在国际上具有很强的竞争优势,很大程度上归功于生产制造环节的优势。

行动指南

生产制造环节是产生优质产品的前提。

5月21日 客户关系

我们今年最重要的市场举措是建立地区客户经理部(地区客户代表处),要以改善客户关系为中心来建立,到时我们的客户代表管理部、国内营销部、区域机构管理部可共同对这个地区客户经理部或地区客户代表处实施管理。这就是说我们要把碉堡建到每一个前沿阵地去。中国总共有334个本地网,将来即使联通或是其他网络营销商估计也会按这种结构来布局,我们不分对象都提供优质服务。所以,我认为我们地区客户经理部的建立是非常正确的,它会使我们的工作做得更加精细,因为各个层面客户满意度的提高是保证我们持续增长的基础。

——摘自《凤凰展翅,再创辉煌》,2000年4月

背景分析

《华为基本法》第二十五条规定:"华为向顾客提供产品终生服务的承诺。我们要建立完善的服务网络,向顾客提供专业化和标准化的服务。顾客的利益所在,就是我们生存与发展的最根本的利益所在。我们要以服务来定队伍建设的宗旨,以顾客满意度作为衡量一切工作的准绳。"此后,华为公司成立了中东、北非地区技术服务培训中心,

为埃及及其周边国家培养了大量电信专业人才，并提供了有力的技术支持，实现了为该地区客户长期服务的承诺。至此，华为的客户经理部已遍布亚、非、欧、美等地区。较为完善的服务体系是供应链条正常运转的保障。

行动指南

企业和客户的发展是相辅相成的。

5月22日 利益链条

对客户做出长远的承诺，与优良供应商真诚合作并尊重对方。客户的利益就是我们的利益。通过使客户的利益实现，进行客户、企业、供应商在利益链条上的合理分配，各得其所，形成利益共同体。

以客户满意度为企业标准，孜孜不倦地去努力构建企业的优势，赢得客户的信任。

我们认为：客户的利益就是我们的利益。我们从产品设计开始，就考虑到将来产品的无代演进。别的公司追求产品的性能价格比，我们追求产品的终生效能费用比。为了达到这个目标，我们宁可在产品研制阶段多增加一些投入。只有帮助客户实现他们的利益，只有他们有利益，在利益链条上才有我们的位置。

——摘自《华为的红旗到底能打多久》，1998年8月

背景分析

供应商的利益、客户的利益、企业（制造商）的利益，各方面的利益都是企业供应链管理中不能忽视的。一方面，供应商作为原料的提供者，理所当然需要获得利益，而企业为了节约成本，又会同供应商的利益发生一定的冲突，两者之间会产生利益的博弈，这就需要企业有健全的采购管理系统。采购人员通过谈判、协商，最后使企业和供应商达到利益的平衡。另一方面，客户的利益也至关重要，为了维护客户的利益，

企业必须不断地改进产品质量和服务质量，提高客户的满意度。企业要想有长足的发展，必须妥善协调各方面的利益和关系。

行动指南

企业发展的过程就是利益链条演化、平衡的过程。

5月24日 重视营运商

这10年，营运商始终是华为的良师诤友。他们在我国通信网络的大发展中，在与西方公司的谈判、招标、评标中，练就了一种国际惯例的职业化水平。用这种职业水准来衡量每一家竞标者，使得我们的标书规格差一点就不可能入围，更不能中标，特别是我们的解决方案，要在先进性、合理性、低成本、高增值、优良的服务上与西方公司进行综合比较才有可能入围。他们的苛求，迫使我们这种类似于山沟沟里的游击队，也不得不迅速国际化。他们对网络的理解，远远超过我们年轻的研发人员。一次又一次的谈判、技术澄清，就是一步又一步引导我们的青年人真正读懂技术标准，读懂客户的需求。

我们一群青年人，很快成为世界领先产品的开发者，要感谢他们的引导。他们像严厉的诤友，逼着我们一天天进步，只要我们哪天不进步，就可能被淘汰。他们处处时时拿我们与西方最著名的公司进行比较，达不到同样的条件，就不被选用，逼得我们只能不断地努力，必须赶上和超过西方水平。没有他们的严厉和苛求，我们就不会感到生存危机，我们就不会被迫使一天也不停地去创新，就不会有今天的领先。当然也由于我们的存在，迫使西方公司改善服务、大幅降价，10年来至少为国家节约了数百亿元采购成本，也算我们对他们的一个"间接"贡献。

——摘自《创新是华为发展的不竭动力》，2000年7月

背景分析

在通信行业，营运商即电信运营商，华为是电信设备提供商，因此，华为的客户就是电信运营商。一定意义上，华为与电信运营商是互相依存、互相促进的关系，尤其是在海外，一些小的电信运营商在得到华为的协助后，能迅速发展起来，超越竞争对手，从而成为华为的又一个忠实客户。1998年，华为和AIS合作时，AIS还是泰国一个较小的移动运营商。华为公司快速满足AIS的需求，并提供质量好、服务优的产品和解决方案，使AIS一跃成为泰国最大的运营商，并成为泰国股市市值最大的公司。

行动指南

与用户结成互相依存、互相促进的关系，是企业竞争的高境界。

5月25日 客户和货源

我们认识到，作为一个商业群体必须至少拥有两个要素才能活下去，一是客户，二是货源。因此，必须坚持以客户价值观为导向，持续不断地提高客户满意度。客户100%的满意，就没有了竞争对手，当然这是永远不可能的。企业唯一可以做到的，就是不断提高客户满意度。提升客户满意度是十分综合复杂的，要针对不同的客户群需求，提供实现其业务需要的解决方案，并根据这种解决方案，开发出相应的优质产品和提供良好的售后服务。只有客户的价值观通过我们提供的低成本、高增值的解决方案实现了，客户才会源源不断地购买我们的产品。归结起来，是企业必须不断改进管理与服务。

企业必须解决货源的低成本、高增值。解决货源的关键，是公司必须有强大的研发能力，能及时、有效地提供新产品。由于IT业的技术换代周期越来越短，技术进步慢的公司的市场占有率可能会很快萎缩。因此，迫使所有的设备制造商必须抢占世界领先地位。IT业每49天就刷新一次，这对从事这个行业的人来说太残酷了。华为追赶世界著名公司最缺少的资源就是时间，要在10年内走完它们几十年已走过的路程。华为已有7种产品世界领先，4~5种产品为业界最佳之一，这是一代又一代的创业者以生命消逝换来的。

——摘自《创新是华为发展的不竭动力》，2000年7月

背景分析

客户和货源，似乎是不相关的两个词汇，但它们都是供应链管理系统非常重要的环节。货源的内涵很丰富，包括原料的采购、产品的研发以及生产制造等。首先，解决货源问题要有一流的采购队伍，选择合适的供应商，使成本降至最低。其次，加大对研发的投入，华为每年将销售额的10%以上投入研发，体现了对产品创新的追求。而货源问题解决了，产品的质量有了保证，公司降低成本和提高客户服务水平的目的也就达到了。任正非说："公司一万五千多名员工中，从事研发的有七八千人，而四五千名市场人员，又是研发的先导与检验人员。从客户需求、产品设计到售后服务，公司建立了一整套集成产品开发的流程及组织体系，加快了对市场的响应速度，缩短了产品开发时间，产品的质量控制体系进一步加强。"因此，任正非把客户和货源看成是商业群体生存下来的两个基本因素。

行动指南

要抓住主要矛盾。

5月26日 知识产权

承担制造的企业是不能随意卖出产品的，这就是IPR（知识产权）之争。台湾工厂靠代工，主要靠大规模的生产和大规模的采购，降低了采购成本、制造成本，它们获得的毛利大概只有3%~5%；由于高科技IPR，产品的毛利有可能达到40%~60%。

因此将来的市场竞争就是 IPR 之争，就是未来的企业之争。所以将来没有核心 IPR 的国家，永远不会成为工业强国。我们国家提出要自主创新，要用法律保护自主知识产权，这个口号是对的。但是我们太急功近利，也会丧失我们的竞争空间。

——摘自《华为的愿景》，2005 年 4 月

背景分析

知识产权或称智慧财产权（Intellectual Property Rights,IPR），是指对所拥有的知识资产（Intellectual Capital）的专有权利，一般只在一定时间期内有效。智力创造，如发明、文学和艺术作品、商业中使用的标志、名称、图像以及外观设计等，都可被认为是某一组织或个人所拥有的知识产权。现在知识产权保护很受世界各国的重视，这在中国加入 WTO 以后，体现得更加明显。知识产权保护对人类的继续发展有着十分重要的意义，这些意义体现在以下几个方面：

第一，人类的进步取决于其在技术与文化领域取得新的创造成果的能力，而知识产权鼓励和保护创新的宗旨对于人类发明创造活力的继续进行具有极其关键的作用。

第二，从法律上对这些新的创造成果予以保护，可以鼓励社会资源的优化配置，鼓励将额外的资源投入发明创造活动中，从而实现进一步的创新。

第三，保护知识产权可刺激经济的增长，近年来很多新兴产业（如信息产业等）的发展都受益于知识产权保护。华为在知识产权方面一直走在国内企业的前面，迄今为止，申请专利已近万种。虽然 2003 年经历过和思科的知识产权风波，但华为在知识产权保护方面和对其他公司知识产权的尊重方面已日臻完善。

行动指南

保护自己的利益，尊重他人的利益。

5月28日 供应链竞争

企业的供应链就是一条生态链，客户、合作者、供应商、制造商的命运都在一条船上。只有加强合作，关注客户、合作者的利益，追求多赢，企业才能活得长久。因为只有帮助客户实现他们的利益，华为才能在利益链条上找到自己的位置。只有真正了解客户需求，了解客户的压力与挑战，并为其提升竞争力提供满意的服务，客户才能与你的企业长期共同成长与合作，你才能活得更久。所以需要聚焦客户关注的挑战和压力，提供有竞争力的通信解决方案及服务。

——摘自《华为的战略》，2020年9月

背景分析

20世纪90年代以来，随着各种自动化和信息技术在制造企业中不断的应用，制造生产率已被提到了相当高的程度，制造加工过程本身的技术手段对提高整个产品竞争力的潜力开始变小。为了进一步挖掘降低产品成本和满足客户需要的潜力，人们开始将目光从管理企业内部生产过程转向产品全生命周期中的供应环节和整个供应链系统。不少学者研究得出，产品在全生命周期中供应环节的费用（如储存和运输费用）在总成本中所占的比例越来越大。

加拿大哥伦比亚大学商学院的迈克尔·W.特里西韦教授研究认为，对企业来说，库存费用约为销售额的3%，运输费用约为销售额的3%，采购成本占销售收入的40%~60%。而对一个国家来说，供应系统占国民生产总值的10%以上，所涉及的劳动力也占总数的10%以上。另外，随着全球经济一体化和信息技术的发展，企业之间的合作正日益加强，它们之间跨地区甚至跨国合作制造的趋势日益明显。因此，任正非认为，只有正确认识华为在供应链系统所处的位置，并处理好与供应商、代理商以及客户的关系，华为才能更好地发展。

> 行动指南

正确处理整体与局部的关系。

5月30日 流程化

任何产品一立项就成立由市场、开发、服务、制造、财务、采购、质量人员组成的团队（PDT），对产品整个开发过程进行管理和决策，确保产品一推上市场就满足客户需求，通过服务、制造、财务、采购等流程后端部门的提前加入，在产品设计阶段，就充分考虑和体现了可安装、可维护、可制造的需求，以及成本和投资回报。产品一旦推上市场，全流程各环节都做好了准备，摆脱了开发部门开发产品、销售部门销售产品、制造部门生产产品、服务部门安装和维护产品的割裂状况，同时也摆脱了产品推出来后，全流程各环节不知道或没有准备好的状况。

——摘自《华为的战略》，2020年9月

> 背景分析

任正非说过："华为公司是一个高技术企业，最主要的业务包括研发、销售和核心制造。这些领域的组织结构，只能依靠客户需求的拉动，实行全流程贯通，提供端到端的服务，即从客户端再到客户端。因此，高效的流程必须有组织支撑，必须建立流程化的组织。建立流程化的组织，企业就可以提高单位生产效率，减掉了多余的组织，减少了中间层。如果减掉一级组织或每一层都减少一批人，我们的成本就能很快下降。规范化的格式与标准化的过程，是提高速度与减少人力的基础。同时，使每一位管理者的管理范围扩大、管理内容丰富。信息越来越方便、准确、快捷，管理的层次就越来越少，维持这些层级管理的人员就会越来越少，成本就下降了。"在他看来，供应链系统是个紧密联系的整体，从采购到售后服务，只要每个环节的工作人员认真负责，提高效率，公司这部"大机器"就可以更好地运转，最终达到降低成本和提高客户水平的目的。

| 行动指南 |

千里之行，始于足下。

6月

人才观：不断清零

6月1日 实践造就华为人

实践改造了人，也造就了一代华为人。您想做专家吗？一律从工人做起，这条规则在公司里已经深入人心。进入公司一周以后，高学历，以及在进公司之前所取得的地位优势均消失，一切凭实际才干定位，这已为公司绝大多数人接受。希望您接受命运的挑战，不屈不挠地前进，不惜碰得头破血流。不经磨难，何以成才？

——摘自《致新员工书》，1994年9月

背景分析

实践论是马克思主义唯物史观的一大创新。马克思主义者认为，只有人们的社会实践，才是人们对于外界认识的真理性的标准。1978年，邓小平进一步肯定"实践是检验真理的唯一标准"的观点，丰富了马克思主义实践论，也为中国制定改革开放的方针打下了基础。

华为是这个理论的坚决执行者。任正非曾说过,华为不是以学历、资历定待遇和报酬的,而是以能力和贡献来定待遇和报酬。而能力和贡献又是通过实践来检验的,华为希望每个人都要有实干精神。

清华大学博士杨玉岗1998年刚进入华为的时候,领导安排他从事与电磁元件相关的工作。他当时想不通,有一种不被重用、被埋没的感觉,认为自己是堂堂的电力电子专业博士,理所当然应该干项目,而且应该干大项目,结果却让他干电磁元件这种"小事",既无成就感,又无发展前途,而且只能用到他所学专业知识中很小的一部分。所以他觉得不值得为"电磁元件这种小事"付出时间与精力,不值得去坐这种冷板凳。当时他只是出于服从领导分配的理由硬着头皮勉强干上电磁元件这个"不起眼"的行当,但是随着他后来在工作的经历和体验不断增多,他越干越发现:电磁元件虽小,里面却有大学问。而且在2000年的时候,在二次电源产品线和中试部及工艺部领导的支持下,他承担了该项目,经过努力实践和探索,现已取得了初步成果,并申请了一项专利。

杨玉岗后来在《板凳要坐十年冷》一文中写道:"在1997年的毕业典礼上,清华的王大中校长告诫各位学子:'虽然你们取得了博士学位,但是你们今后学习的道路还很长,学习,学习,再学习,应该伴随你们的一生,这样,你们才能不断进步。'带着校长的嘱托,牢记清华'自强不息,厚德载物'的校训,我在华为——人生第二学堂实践中体会了'不断学习,不断实践,自我批判,不断改进与完善'的意义。"

杨玉岗的亲身经历证明:从实践中来,到实践中去,培养实干精神是华为人成材的必经之路。

行动指南

社会相对于大学来说是一个更大的课堂,只有不断去实践,理论与实际相结合,才能更好地解决问题。

6月2日 领导岗位时刻开放

公司建立了以各部门总经理为首的首长负责制,它隶属于各个以民主集中制建立起来的专业协调委员会。各专业协调委员会委员来自相关的部门,形成少数服从多数的民主管理原则。议事,不管事。有了决议后由各部门总经理去执行。这种民主原则,防止一长制中的片面性,在重大问题上,发挥了集体智慧。这是公司6年来没有摔大跟头的原因之一。民主管理还会进一步扩展,权威作用也会进一步加强,这种大民主、大集中的管理,还需长期探索,希望您成为其中一员。

——摘自《致新员工书》,1994年9月

背景分析

所谓民主集中制就是民主和集中相结合、相统一的制度。民主就是让群众发出自己的声音;集中就是把群众的意见集中起来,一般是以少数服从多数的原则得出结论。民主集中制也是中国共产党的根本组织制度和领导制度。在华为,任正非所说的民主集中制主要是指让公司员工充分发表自己的看法,然后对所有的意见进行讨论,最后得出结论。这也是一种对人才的管理制度,谁有能力、谁做出的贡献大,都由全体员工说了算,都需要用民主集中的方式来完成。民主集中制也消除了传统企业任人唯亲的弊端,不是领导人说了算,而是按全体公司员工共同的意见和决定来执行。同时,建立民主集中制也是《华为基本法》产生的原因之一。任正非说过,公司要避免对最高领导权威的迷信,反对各种形式的独裁专制,而避免这类现象的最好方法就是成立一套完备的体系,这样公司才能得到"无为而治"。在华为,民主集中制是一种行之有效的人才管理方式。

行动指南

没有民主就没有自由,社会就会只有一种声音,就会是一潭死水;没有集中就没有统一,就会是一盘散沙。国家如此,社会如此,企业也是如此。

6月3日 摆脱对人才的依赖

工程化设计方法使软件的开发设计摆脱了对人才的依赖,不管谁离开公司,都不会影响公司的正常运作,为产品提供了安全性。因为我们没有对人才的依赖,便没有对人才的造就。每个人都必须开放自己,吸收他人的经验,形成一个和谐的奋斗集体,使集体智慧在产品设计、中试、生产过程中得到最佳的发挥,产品会越做越精良。

——摘自《上海电话信息技术和业务管理研讨会致谢词》,1995年6月

我们要逐步摆脱对技术的依赖,对人才的依赖,对资金的依赖,使企业从必然王国走向自由王国,建立起比较合理的管理机制。当我们还依赖于技术、人才和资金时,我们的思想是受束缚的,我们的价值评价与价值分配体系还存在某种程度的扭曲。

摆脱三个依赖,走向自由王国的关键是管理。通过有效的管理构建起一个平台,使技术、人才和资金发挥出最大的潜能。

对人的管理才是最大的财富。

——摘自《华为的红旗到底能打多久》,1998年8月

背景分析

冯小刚导演的电影《天下无贼》里面有两句经典台词:21世纪最缺的是什么?人才!这两句话在电影里面虽然是调侃,但在21世纪,人才日益受到重视是大势所趋,企业之间的竞争也越来越表现为企业间人才的竞争。华为对人才的重视也是毋庸置疑的,华为每年从各大高校招聘优秀毕业生。如今在华为,80%以上的员工具有本科学历,硕士、博士所占的比例也在逐年增长。华为在人才培养上花费巨大。这些都显示出华为对人才的重视,但对人才的重视不等于对人才过分依赖。任正非认为,每个员工都是公司的一部分,都应该在自己的岗位上认真负责、脚踏实地,不能自视甚高,应该不断向周围的人学习。《华为员工手册》第三条规定员工要"顾全大局,善于合用"。为此,华为实行自由雇佣制度。

> 行动指南

拥有好的人才不如建立良好的人才培养体系与管理体制,这样公司才能不会因某个人才的流失而导致整个系统的瘫痪。

6月4日 员工培育是一种长远投资

"高投入才有高产出",我们的成本比兄弟厂家高,因为科研投入高、技术层次高。科研经费每年 8000 万元,每年还要花 2000 万元用于国内、国外培训和考察。重视从总体上提高公司的水平。这种基础建设给了我们很大的压力。但若我们只顾眼前的利益,忽略长远投资,将会在产品的继承性和扩充性上伤害用户。

——摘自《上海电话信息技术和业务管理研讨会致谢词》,1995 年 6 月

> 背景分析

"低投入,高产出"是每个企业的梦想,但是在竞争日益激烈的现代化社会,这种梦想是越来越难以实现了。"高投入,高产出"依然是大多数企业的经营模式。最典型的例子就是好莱坞的电影公司,动辄几亿美元投入的电影已经越来越多,如著名电影《埃及艳后》,当初的投入就有几亿美元,由于无法收回成本,投资商不得不宣布破产。而 IBM 公司每年的投资大约为 10 亿美元,仅在俄罗斯的投资就已达到数百万美元。华为除了科研、客户服务等方面的投入之外,对人才的培养与管理方面的投入也是巨大的。华为每年都要从高校招入一大批毕业生,仅 1997 年华为招入的应届毕业生就有 7000 人。这些刚毕业的学生有潜力,但缺乏相应的经验,要达到华为的要求,需要一大笔培训开支,且华为员工受训的时间越来越长,也增加了资金的投入。员工正式上岗后,华为则为员工提供具有竞争力的工资待遇。这样的高投入可能短期内无法产生效益,但从长远来看是值得的。

> 行动指南

俗话说"舍不得孩子套不住狼",没有高投入,就没有高产出。

6月5日 要战士而不是完美的苍蝇

我们现在录用一个员工,像选一个内衣模特一样,挑啊挑,可结果不会打仗。任正非接着说了这句经典——我们要的是战士,而不是完美的苍蝇。

——摘自《在员工关系变革工作进展汇报会上的发言》,2018年2月

> 背景分析

"我们要的是战士,而不是完美的苍蝇。"这句话是鲁迅的原创。1925年鲁迅在《战士和苍蝇》这篇文章中说:"有缺点的战士终竟是战士,完美的苍蝇也终竟不过是苍蝇。"

任正非用鲁迅的话表达了他关于华为用人的重要观念。

任正非不苛求完美的人才,认为完人是可遇不可求的,而且完人通常都不适合当一个好员工,所以他呼吁那些有能力的人不要总是想着修炼成一个完美的人。

他曾经说过:"我不希望大家去做一个完人。大家要充分发挥自己的优点,做一个有益于社会的人,这已经很不错了。我们为了修炼成一个完人,抹去了身上许多的棱角,自己的优势往往被压抑了,成了一个被驯服的工具。但外部的压抑并不会使人的本性完全消失,人内在本性的优势,与外在完人的表现形式,不断地形成内心冲突,使人非常地痛苦。我希望把你的优势充分发挥出来,贡献社会,贡献于集体,贡献于我们的事业。每个人的优势加在一起,就可以形成一个具有'完人'特质的集体。"

这是对人才的客观界定——没有完美的人才,有缺陷的人才倒是非常常见,要能够为我所用。这就要求公司要有一定的机制,能够容忍这些人才的存在,激励这些人才发挥作用。

行动指南

华为不求全责备，不要求人才完美，容忍人才的缺陷，但是，这些缺陷并非毫无底线，而是在与公司规定、法律法规、道德标准、公司的基本价值观不冲突的前提之下的。

6月8日 真正的专家源于一线

真正的专家要源于一线，也要走向一线。

对于专家的培养，我们过去有一些成见和误解，往往认为总部才是专家的摇篮。理由很简单而且看似合理：总部资源丰富，视野开阔，同时距离研发最近，从而做一线时间过长也成了很多人解释自己技术退化、知识沉淀不足的借口。这些认识固然有一定的道理，但是仔细推敲却不见得有其内在的必然性，并且容易让人忽视一线实践对于专家培养的重要性。正如有位客户这样评价我们的技术人员：你们有些专家能讲清楚光纤的种类，而讲不清楚光纤的熔接；能讲清楚设备功耗的指标，却无法为我推荐一款可靠的电池；能讲清楚业务发放的流程，却从来没有去过运营商的营业厅。

真正的专家是不能缺少一线经验的，我们最好的给养其实来源于我们的客户。专家要从一线中来，也要到一线中去，在与客户的碰撞和交融中检查和修正我们对待专业的标准，避免成为伪专家。

——摘自《追求专业造诣，走好专家路》，1998年5月

背景分析

华为员工A于2000年9月入职华为公司，被分配到无线技术支持部的第一线，从事GMSC35新产品的技术支持工作，从此，现场开局、现场割接支持、远程支持问题处理工作成了他工作的主旋律。2001年7月，实施中国移动GSM目标网全网升级项目，为了组织全网项目实施以及做好远程支持工作，A一个月有近20天在公司加班过夜。就这样，两年时间内，他现场支持了40多个重大工程项目的割接，个人的能力也得以

快速提高，积累了扎实的专业知识和丰富经验。2003年，A成为了无线产品二线技术支持工程师、国内GSMNSS产品责任人。2004年10月，由于中国移动软交换长途汇接网公司特级重大项目的需要，A被调入北京分部，作为移动软交换长途汇接网项目的技术总负责。A从一名普通的一线技术员，成长为一名华为的技术专家。

行动指南

实践出真知，即使拥有深厚的理论功底，如果没有经过一线工作的锻炼，还是很难快速成长。

6月9日 兵是爱出来的

铁军是打出来的，兵是爱出来的。古往今来凡能打仗的部队，无一例外，有长官爱惜士兵的传统，不然就不会有士为知己者死。

——摘自《逐步加深理解"以客户为中心，以奋斗者为本"的企业文化——在市场部年中大会的讲话》，2008年7月

背景分析

任正非在华为2009年年报发表后说了这样一段话："我们始终坚信，只有客户的成功才有华为的成功；我们坚信企业内部以奋斗者（包括投资者与劳动者）为本有利于更好地为客户服务……感谢我们长期保持艰苦奋斗精神、在全球各地全力以赴服务客户的华为员工。面向未来，华为全球95000多名员工将继续秉持成就客户、艰苦奋斗等核心价值观，与客户一道，为丰富人们的沟通和生活而不懈努力。"

华为的成功，离不开华为人的奋斗。任正非一直强调要关爱员工，要求华为各级干部除了关心员工的能力成长，还要适当地关怀员工的生活。任正非深知，若不关怀员工，员工凭什么为自己卖力。

行动指南

据说法国企业界有一句名言:"爱你的员工吧,他会百倍地爱你的企业。"如果企业及管理者不爱员工,那么员工如何会爱企业及管理者?让员工感受到企业及管理者的关爱,"以情动人"。一旦员工被你"感动"了,那时他们所表现出的对企业的热爱才是真正的"爱"。

6月10日 "铁三角"作战单元

努力做厚客户界面,以客户经理、解决方案专家、交付专家组成工作小组,形成面向客户的"铁三角"作战单元。

——摘自《在销服体系奋斗颁奖大会上的讲话》,2009年1月

背景分析

华为的"铁三角"理念始于苏丹代表处,是由彭中阳在实践中总结出来的。2007年,当彭中阳在回顾"在关键客户群建立核心管理团队"的经验时,总结出是"客户、产品和交付紧密融合的三角组合模式"解决了业务发展中的问题。彭中阳感慨于这个三角组合的威力,并将它命名为"铁三角"。

从此,"铁三角"便形成了星火燎原之势,在华为各个业务领域广泛应用。"铁三角"成员在面对客户时,他们代表的不仅仅是客户关系、解决方案、交付能力,而是代表客户诉求和价值成长。

对于"铁三角"运作模式的落地,彭中阳深有体会:"铁三角"成员需要有很好的合作精神,不能吃独食;要有良好的服务意识,要有帮助客户成功的心态;还需要有良好的学习能力,在实战中努力让自己做到一专多能。

行动指南

"铁三角"作战单元的精髓是为了目标打破功能壁垒,形成以项目为中心的团队运作模式。"铁三角"是以从单兵的能力孤岛到复合多能力混合作战团队的转变的方式,提升企业的战斗力。

6月12日 强化竞争机制

我们正在深入进行组织改革、企业文化教育。大量的优秀人才正在成长,优秀的老员工正在加紧学习,强化管理层和员工内部竞争机制。你追我赶的热潮正在进行。由莫贝克开始招考基层干部后,生产总部也在实施招考,市场部较大规模地推出新建职位的考选计划,一场由人们竞投基层职位的有益的活动正在兴起,它深化了我们组织改革的内容,是华为人才辈出、欣欣向荣的一个侧面。同时,我们正在引入外国工程人员到我公司工作的计划,为两三年后进入世界市场做好准备。这对我们人力资源是一个大的挑战。

——摘自《再论反骄破满,在思想上艰苦奋斗》,1996年6月

背景分析

有人的地方就有竞争。竞争往往体现在资源占有、现实利益分配,以及对未来发展空间的争夺上。竞争是为了发展。竞争是生物学和社会科学的基本范畴,也是经济学的基本范畴。正如恩格斯所指出的那样:"竞争是经济学家的主要范畴,是他最宠爱的女儿,他始终安抚着她。"市场经济就是竞争经济。竞争是市场经济发展的推动力。不仅企业与企业之间,行业与行业之间存在竞争,企业内部也存在竞争。任正非说,在华为,员工之间要形成你追我赶的风气,通过竞争上岗,通过竞争定优劣。公司的人才也是通过竞争的方式脱颖而出的。华为实行绩效考核制、末尾淘汰制,这也体现了公司强调竞争的特点。同时,竞争也给企业带来了活力,提高了员工的工作积极性。

行动指南

有竞争才有比较，才有利于对人才的选拔和使用。没有竞争，企业就没有活力，企业就显得死气沉沉，也就难以涌现出优秀的人才。

6月15日 管理者的种子

你们（高端项目经理）是公司未来的希望，不仅CFO、CEO，甚至董事长那个位置都是向你们开放的。以前在市场高速发展的时候，我们过多地强调了销售，只要抢到的合同多，就意味着更多的利润。随着市场趋于饱和，我们能从市场中获利的机会越来越小。为了生存，以后我们就要进行精细化的管理。你们就是我们管理者的种子。我们的希望寄托在你们的身上。

——摘自《PMS高端项目经理的座谈纪要》，2009年3月

背景分析

2009年3月23日至27日，华为召开了全球高端项目经理研讨峰会PMS2009（Project Management Summit 2009）。会议研讨了在华为不断国际化的进程中，如何克服差异障碍，发挥合力，建设一支不分国籍、具有责任心和使命感、能承担华为项目经营目标的职业化项目经理队伍。任正非在会上将高端项目经理比作是管理者的种子。

2010年3月，华为第二届全球高端项目管理研讨峰会召开。任正非对项目经理的工作提出了三个要求：一要持续地艰苦奋斗，要敢于到世界任何艰苦的地区，在艰苦的条件下努力工作；二要善于工作，随着LTC，从线索到现金的企业管理思想、IFS流程的落地，项目管理要实现高效率、合理的低成本；三要能够团结越来越多的人，并将他们培养成为一支非常英勇的、能作战的部队。

行动指南

项目经理必须要有一系列的能力（号召力、交流能力、应变能力、自信活力），还要有系统化的管理能力。一个成功的项目经理需要具备的基本素质有：领导者的才能、沟通者的技巧和推动者的激情。可以说，项目经理就是管理者的种子。

6月16日 到华为大学去重新调配工作

任何人都可以报名要求到华为大学来重新调配工作，但要避免震动太大，可以一步一步来。我们允许员工毛遂自荐，毛遂自荐不是说我到北京去，而是我有能力，我希望到艰苦的地区去，到艰苦的岗位去，到最需要的地方去，我去做项目，把表格、成本核算、制度做好，以此证明自己确实是一个优秀人才，从而获得更大的机会。

——摘自《在华为大学干部高级管理研讨班上的讲话》，2011年1月

背景分析

华为大学成立于2005年，它以通过融贯东西的管理智慧、华为的企业实践经验，培养职业化经理人、发展国际化领导力、成为企业发展的助推器为宗旨。

任正非提倡发展内部人力市场，员工不愿意在某个部门干，不愿意干某个工作，可以把薪水停了，去华为大学参加学习之后，重新申请调配工作。员工到华为大学参加学习，是需要自费的。用任正非的话来说，就是"除了收学费，停产学习还要停薪；教材也要卖高价，你想读书你就来，不想读书你就不要来。交学费不吃亏，为什么不吃亏呢？因为学好了你的能力就提升了，出绩效和被提拔的机会就多了；即使没学好被淘汰了，说不定现在退一步，而将来能进两步呢？所以，投资是值得的。以后收费标准可能会越来越高，交学费、停薪就是要让你有些痛，痛你才会努力"。

华为大学做的是一个平台，所有岗位的应知应会全在这个平台上，掌握应知应会是员工的责任。应知应会是公开的，员工想做某个职务，就得利用业余或休假时间好

好学习，付费考试，网上考试成功了，华为就给员工面试的机会。

行动指南

企业大学是企业培训的最高形式，为企业的每一个岗位提供一系列与战略相关的学习与解决方案。企业大学要实现以下三大功能：培养人才，推动企业转型及文化变革，满足企业对技术提升的需求。

6月17日 同等学力认证制

华为一贯不重视学历，是因为高学历不一定是高素质、高能力。但忽略了另外一面，对低学历自学成才的人的认可。我们将在12级及以下的员工中，推行同等学力的认证。这种认证不是以知识为中心，不以考试为基尺，而是看岗位的。

我们要让员工聚焦在工作中，而不是聚焦去准备考试，这样做才是成功的，聚焦考试并不创造价值，公司给学历还吃了亏。这样就为自学成才的人，冲破13级瓶颈提供了台阶，同时可以鼓励更多的人学习。

——摘自《在华为大学干部高级管理研讨班上的讲话》，2011年1月

背景分析

2011年年中，华为人力资源学习发展与任职管理部、华为大学、供应链、财经、GTS、慧通等共同组织建立了"同等学力认证试点班"。2011年10月，经过三个月的岗位实践和学习总结，由华为业务主管和该专业的专家组成的评议小组，基于责任结果和在岗实践的个人总结对学员进行综合鉴定，严格参照13级同等任职资格标准，对通过者授予了华为大学同等学力证书，这标志着华为给低学历或低职级的员工提供了更多的发展机会。

当被问到为什么实行同等学力认证制度时，任正非回答道："我们公司过去中高级

干部履历中没有学历这一栏，不问你来自哪个学校，也不问你什么学历。华为最高层管理层全都是非名牌大学的。你能否爬到15级，不是我开不开放，关键要看你有没有本事，你有本事，你可以跳起来。世界上有很多学历不高的人，也通过自身努力获得了很大成就。学历不高不等于文化不高，大家一定不要把学历不高和文化不高画等号。如果你跨度很大，跳到另外一个岗位，可能就不是那方面的优秀人才了。"

行动指南

学历≠就业≠能力，大量的案例表明，能力已经成为企业招聘的核心，最起决定作用的将是人的能力、人的真才实学，而不是分数和一纸文凭。有能力的、能给企业带来利润的人，企业自然就要；没能力的、不能为企业创造利润的人，有再高的学历文凭，企业也不要。

6月18日 有用的人

华为唯一可以依存的是人。当然是指奋斗的、无私的、自律的、有技能的人。如何培养造就这样的人，是十分艰难的事情。

——摘自《华为的红旗到底能打多久》，1998年8月

背景分析

通过多年来在人力资源管理上的苦心经营，华为将一大批杰出人才网罗帐下。为了满足业务扩展的需要，华为还要在2002年大规模地扩大企业规模，尤其是加强研发力量。除本部以外，又在北京、上海、南京等国内城市及美国、瑞典、印度等国家设立了10多个科研机构，拥有近万名研发人员。华为之所以在人才引进上如此大手笔，在于其对未来市场竞争的清醒认识。虽然华为每年都在大规模地招兵买马，但是公司对人才是有选择的，有着自己的理解。华为和众多高科技企业一样，都认识到技

术和管理的不断创新是企业生存和发展的关键,而优秀的人才是实现这些创新的主体,所以,人才越来越成为企业发展的根本。相对于中国市场的迅速扩大,专业人才,尤其是高级专业人才的短缺已经成为一个不容忽视的问题。对于国内基础相当的厂商来说,赢得了人才,便是在未来的市场竞争中抢得了先手,便是成功了一半。曾有人问过任正非,到底什么样的人最能适应华为?任正非说:"华为就要培养出一批'狼'。狼有三大特性:一是有敏锐的嗅觉;二是有不屈不挠、奋不顾身的进攻精神;三是群体奋斗。企业要扩张就必须有这三要素。"总之,任正非认为,公司所需要的人,是那些符合华为企业文化要求的人。

行动指南

每个公司都有自己的用人标准,有自己的企业文化,选择人才,就如我们选择鞋子,不要求最好,但要求最合适。

6月20日 培育土博士

我们年轻的研究队伍正在成熟,中试队伍正在向着工程专家的方向前进。他们是我们队伍中最青春、最热情奔放、最敢于战斗的力量,在东方文化的基础上,大量学习西方一切有益的东西,一群土博士(泛指,含"博士前")将会成为世界英才。他们是我们事业的希望,我们要营造一个氛围,土博士不比洋博士差,中国人在中国的土地上也能有所作为。为国家争光,使海外学子也感到自豪。

——摘自《自强不息,荣辱与共,促进管理的进步》,1997年7月

背景分析

经过多年发展,华为逐步拥有了一支成熟的研发队伍,华为能在核心技术上有所突破,关键在于对研发的重视。华为认为:"机会牵引人才,人才牵引技术,技术牵引

产品，产品牵引更多、更大的机会"这或许就是华为成功的路线图。

马昌国在1998年进入华为，是第一批真正意义上参加接入网培训的用服员工。他第一个独立承担的工作是公主岭几万线的本地网改造工程，现在看来，那实在是一个再普通不过的小局了，可在当时，那还是公司的二级重点工程。当时公司还没有配笔记本电脑，马昌国背着一袋培训时发的技术材料就去了。当时的办事处主任在巨大的交付进度压力下，鼓励他说："小伙子，刚工作就有机会做这么大的工程，不要怕，尽力去干，相信你一定可以做好！"

马昌国深受鼓舞，接下去的4个月里，他不分昼夜地工作，终于按时完成了任务，但是，当他回公司后才发现当时开局遇到的很多问题和错误，大多数已经有人总结过了，如果善于求助和咨询的话，就可以少走很多弯路。所以，后来他带新员工的时候，总是不断地强调，要善于总结，善于寻求帮助，这样才能取得更快的进步。后来他养成了善于总结的好习惯，他发现，把内置传输在机房集中调测好，再发到站点去安装，可以保障硬件和数据的正确，到现场只要解决光路问题就可以了，能大大提高工作效率。

为了进一步提升自己的技术水平，在后来的时间里，他始终坚持：有条件的话，办事处提上来的问题他一定先自己到实验室模拟一下；研发提交的解决方案，有条件的一定先到实验室验证一下再提交一线。凭着这样认真的工作态度，马昌国逐步成为了技术支持部接入网问题处理专家。

大量年轻的华为技术人员都是这样与华为共同成长，由稚嫩到成熟。

行动指南

世上没有天生的一流人才，也没有天生的一流技术，杰出的公司总是可以把普通员工培养成优秀人才，把优秀人才变得杰出。

6月22日 敬业

强调员工的敬业精神，选拔和培养全心全意、高度投入工作的员工，实行正向激励推动。不忌讳公司所处的不利因素，激发员工拼命努力的热情。

知识、管理、奋斗精神是华为创造财富的重要资源。我们在评价干部时，常常用的一句话是：此人肯投入，工作卖力，有培养前途。只有全心全意投入工作的员工，才能被培养成优良的干部。我们常常把这些人，放到最艰苦的地方、最困难的地方，甚至对公司最不利的地方，让他们快快成熟起来。

——摘自《华为的红旗到底能打多久》，1998年8月

背景分析

敬业精神是做好本职工作的重要前提和可靠保障，它强调高度的责任感，对工作忘我的投入。任正非曾在文章中指出，华为公司在选拔企业管理者时，首要的是进取精神与敬业精神。他认为："合格的管理者需要具备强烈的进取精神与敬业精神，没有干劲的人是没有资格进入领导层的。这里不仅仅是指个人的进取精神，更是自己所领导群体的进取与敬业精神。"华为公司衡量优秀的企业管理者有三个标准："第一，具有敬业精神，对工作是否认真，改进了，还能改进吗？还能再改进吗？第二，具有献身精神，不能斤斤计较。企业的价值评价体系不可能做到绝对公平，献身精神是考核干部的一个很重要的因素，一个管理者如果斤斤计较，就不能与手下融洽合作，不能将工作做好，没有献身精神的人就不要去做管理。第三，具有责任心和使命感，这将决定管理者是否能完全接受企业的文化，担负起企业发展的重担。"可见，华为公司之所以被称为"美国式的中国公司"，不仅仅是因为它在内部管理上全部采用了美国式的管理模式，更重要的是它拥有一支具有进取精神与敬业精神的优秀管理队伍。任正非还说，华为人要向德国人、日本人学习，学习他们的敬业精神。

行动指南

每个人都应该具有敬业精神,因为它是做好工作的前提,一个人不热爱自己的工作,不尊重自己的职业,不投入到工作中去,是很难把工作做好的。

6月23日 英雄与领袖

我们既重视有社会责任感的人,也支持有个人成就感的人。什么叫社会责任感?什么叫个人成就感?"先天下之忧而忧,后天下之乐而乐",这是政治家的社会责任感,我们所讲的社会责任感是狭义的,是指对我们企业目标的实现有强烈的使命感和责任感,以实现公司目标为中心、为导向,去向周边提供更多更好的服务。还有许多人有强烈的个人成就感,我们也支持。我们既要把社会责任感强烈的人培养成领袖,又要把个人成就感强烈的人培养成英雄,没有英雄,企业就没有活力,没有希望,所以我们既需要领袖,也需要英雄。但我们不能让英雄没有经过社会责任感的改造就进入公司高层,因为他们一进入高层,将很可能导致公司内部矛盾和分裂。因此,领导者的责任就是要使自己的部下成为英雄,而自己成为领袖。

——摘自《全心全意对产品负责,全心全意为客户服务》,1998年9月

背景分析

华为很重视优秀员工的晋升和提拔,华为区别干部有两种原则,一是社会责任感(狭义),二是个人成就感。社会责任感不是指以天下为己任,不是指"先天下之忧而忧,后天下之乐而乐"这种社会责任感,华为所说的社会责任感是指在企业内部,对组织目标的责任心和使命感大于个人成就感。是以目标是否实现了来工作,以实现目标为中心,为实现目标提供了大量服务,这种服务就是狭义的社会责任感。有些干部看起来好像自身没有什么成就,但他负责的目标实现得很好,他实质上就起到了领袖的作用。

范仲淹说的那种广义的社会责任感体现的是政治才能，华为的狭义社会责任感体现的是企业管理才能。有些人的个人成就欲特别强，华为也不打击他，而是肯定他、支持他、信任他，把他培养成英雄模范，但不能让他当领袖，除非他能慢慢改变过来，否则永远只能从事具体工作。

在华为看来，个人成就欲特别强的人没有经过社会责任感的改造，进入高层，容易引致团队的不团结，甚至分裂。但基层没有英雄，就没有活力，就没有希望。所以，华为把是否具有社会责任感（狭义）和个人成就感都作为选拔人才的基础。企业不能提拔被动型人才。企业允许人才因为知识和能力欠缺的问题犯错误，但不允许人才被动地工作。所谓马不扬鞭自奋蹄，只有积极主动的工作、创造性的工作，才能大大降低企业的管理成本，这样的人才才是企业最欢迎的。而只有具有强烈使命感、责任感的人才容易有积极的工作态度，才容易作出成就，才应当被培养为管理者。作为普通员工，成就感是重要的工作动力。但对于管理层来说，其工作的动力更多是使命感、责任感，不一定是个人的成就感。

行动指南

人是社会的动物，人的个人成就离不开社会。华为以个人成就感和社会责任感区分英雄与领袖的方式值得借鉴。

6月24日 人才的马太效应

软件产品的复制成本很低，这使得复制品越多，产品的成本越低，获取的利润越大；利润越大，就可获得更多的优秀人才，用更多的钱去建立良好的管理体系，来对付新的竞争对手的进入，从而保证自己在市场上的领先。

——摘自《全心全意对产品负责，全心全意为客户服务》，1998年9月

背景分析

公司的效益与员工的利益从来都是唇齿相依的，公司无法盈利，员工的报酬和待遇也就无法得到提高，公司也就无法吸引优秀的人才，反之亦然。这就是任正非形容的"马太效应"。1988年华为只有14名员工；1992年，华为开始自己生产交换机，销售额达1亿元，员工超过100名；1995年，员工超过800名，销售额达到15亿元；公司发展到2005年，销售额达到453亿元，其中海外市场的销售额达到32.8亿美元，海外市场的销售额首次超越国内市场。以上一系列的数字充分证明，公司效益越好，就越能吸引人才；优秀的人才越多，为公司创造的财富也越多。《华为基本法》第十三条规定："机会、人才、技术和产品是公司成长的主要牵引力。这四种力量之间存在着相互作用。机会牵引人才，人才牵引技术，技术牵引产品，产品牵引更多、更大的机会。加大这四种力量的牵引力度，促进它们之间的良性循环，就会加快公司的成长。"可见，公司的管理改进、财富增值都离不开优秀人才的贡献。

行动指南

个人的发展离不开公司的发展，公司的发展又离不开个人的贡献，正确处理个人发展与企业发展之间的矛盾是企业管理中的重要环节。

6月25日 正确对待自己

评价是通过人做出来的，尽管（薪酬）委员会的委员们很公正，但他们也是人，也是活生生、有血有肉的人，也难以摆脱个人对事物、问题的看法局限。因此，不可能做到所有的评价让人人满意。企业要迅速发展，不能等待事事有结果之后再实行盖棺定论，每一阶段的评定必有不正确的地方。我们要求各级部门要尽量公平、公正，但我们更要求干部要能上能下，工资要能升能降，要正确对待自己，也要能受得委屈。如果不能做到，企业必定死亡。

——摘自《全心全意对产品负责，全心全意为客户服务》，1998年9月

背景分析

任正非说过，在华为，公司要做到绝对的公平与公正是不可能的。他举例说，华为虽然不歧视女员工，但是由于女员工和男员工从事的岗位和工作性质不同，对其评价也会不同，达不到绝对的公平、公正。同时他强调，在公司，机会是均等的。

《华为基本法》第二十条也写道："我们遵循价值规律，坚持实事求是，在公司内部引入外部市场压力和公平竞争机制，建立公正、客观的价值评价体系并不断改进，以使价值分配制度基本合理。衡量价值分配合理性的最终标准，是公司的竞争力和成就，以及全体员工的士气和对公司的归属意识。"任正非说，可能有些员工认为自己没有得到公正的待遇，但是公司会给予其表现的机会。而且，华为已经逐步建立了一套健全的绩效考核制度。因此外界认为，在华为是不存在怀才不遇的现象的。

行动指南

只有相对的公平、公正，没有绝对的公平、公正，任何一个企业，想要做到让所有员工都非常满意是不可能的。建立健全的评价体系，减少人为因素的干扰，有利于对人才的培养与管理。

6月26日 CEO 轮值

华为是一个以技术为中心的企业，除了知识与客户的认同，我们一无所有。由于技术的多变性、市场的波动性，华为采用了一个小团队来行使 CEO 职能。相对于要求一个人要日理万机、目光犀利、方向清晰……轮值制度要更加有力一些，但团结也更加困难一些。华为的董事会明确不以股东利益最大化为目标，也不以其利益相关者（员工、政府、供应商等）的利益最大化为原则，而坚持以客户利益为核心价值观，驱动员工努力奋斗。在此基础上，构筑华为的生存。授权一群"聪明人"做轮值的 CEO，让他们在一定的边界内，有权力面对多变世界做出决策。这就是轮值 CEO 制度。

——摘自《董事会领导下的 CEO 轮值制度辨》，2012 年 4 月

背景分析

2004年，美国顾问公司十分惊讶华为居然没有中枢机构，高层也是空任命不运作，他们提出要华为建立EMT（Executive Management Team，行政管理团队），但任正非不愿做EMT的主席。华为就开始实行轮值主席制度，由八位领导轮流执政，每人半年，慢慢地由COO（首席运营官）轮值演变成华为现在的CEO轮值制度。

CEO轮值制度平息了华为各方面的矛盾，使华为得以均衡成长。任正非认为轮值的好处是：每个轮值者，在一段时间里担任华为COO，不仅要处理日常事务，还要为高层会议起草文件，大大地锻炼了轮值者们。轮值者也要将自己管辖的部门带入全局的利益体中，这有利于削平华为内部分化出的利益团队。

轮值期间，轮值者为华为的最高行政首长。他们更多地着眼于华为的战略，着眼于制度建设；他们不再是只关注内部的建设与运作，也会放眼外部、放眼世界，懂得适应外部环境的运作，趋利避害；他们将日常经营决策的权力进一步下放给各个企业集团（Business Group，简称BG）、区域，以推动扩张的合理进行。

每个轮值的CEO在轮值期间都奋力地牵引公司前进。他走偏了，下一轮的轮值CEO会及时纠正航向，使大船能早一些拨正船头，避免问题累积过重不得解决。

行动指南

企业要持续发展，不能将成功系于一人，将失败也系于一人。企业要想从"一人决策、万人执行的高度集权模式"转变为"民主集中制决策模式"，离不开兼具战略思维与超强执行能力的接班人梯队。

6月28日　无私才无畏

从我创办华为担任总裁那一天起，就深感置身于内外矛盾冲突的漩涡中，处在各种利益碰撞与诱惑的中心，同时也感到自己肩上责任的沉重。如何从容地应对各种冲突和矛盾，如何在两难困境中果断地决策和取舍，如何长期地抵御住私欲的诱惑和干扰，唯有彻底抛弃一切私心杂念，否则无法正确平衡各方面的关系。这是我担任总裁的资格底线，这也是我们担任公司高级干部的资格底线。

只有无私才会公平、公正，才能团结好一个团队；只有无私才会无畏，才能坚持原则；只有无私，才敢于批评与自我批评，敢于改正自己的缺点，去除自己的不是；只有无私才会心胸宽广，境界高远，才会包容一切需要容纳的东西，才有能力肩负起应该承担的责任。

我郑重承诺：在任期间决不贪腐，决不允许亲属与公司发生任何形式的关联交易，决不在公司的重大决策中掺杂自私的动机。

——摘自《EMT成员自律宣誓发言稿》，2007年9月

背景分析

2008年2月初，华为在总部召开了《EMT自律宣言》宣誓大会，面对与会的两百余名中高级干部，华为EMT成员任正非、孙亚芳、郭平、纪平、费敏、洪天峰、徐直军、胡厚崑、徐文伟集体举起右手宣誓：必须廉洁正气、奋发图强、励精图治，带领公司冲过未来征途上的暗礁险滩。集体宣誓后，各位EMT成员依次宣誓发言。任正非在宣誓发言中指出：彻底抛弃一切私心杂念，真正做到无私，是自己，也是公司高级干部的资格底线。其他EMT成员也承诺决不贪污腐化，不搞关联交易，任何时候都忠诚于公司的事业，并自觉接受公司审计和全体员工的监督。

早在2005年，华为高层就看到业界同行及历史上种种内朽自毁的悲剧，认识到公司最大的风险来自内部，必然保持干部队伍的廉洁自律。2005年12月，华为就召开了EMT民主生活会，EMT成员共同认识到，作为公司的领导核心，要正人须先正己，以身作则，会上通过了《EMT自律宣言》，要求在此后的两年时间内完成EMT成员、中高层干部的关联供应商申报与关系清理，并通过制度化宣誓方式层层覆盖所有干部，接受全体员工的监督。

行动指南

一个人或一个企业，最大的敌人其实是自己，所谓"堡垒往往从内部攻破"。

6月29日 素质模型

我们从1997年开始与合益集团合作进行人力资源管理变革。在合益集团的帮助下，建立了职位体系、薪酬体系、任职资格体系、绩效管理体系及岗位、角色的素质模型。在此基础上形成了华为公司员工的选、育、用、留原则和干部选拔、培养、任用、考核原则。自1998年开始，合益集团每年对华为公司人力资源管理的改进进行审计，找出存在的问题，然后交给华为解决。正是由于这么多年来，我们在人力资源管理上不断地改进，不断地进步，造就了一支真诚为客户服务的员工和干部队伍。从2005年开始，华为公司又与合益集团合作，进行领导力培养、开发和领导力素质模型的建立，为公司面向全球发展培养领导者。

——摘自《华为的战略》，2020年9月

背景分析

在学习西方先进企业经验方面，华为是不遗余力的。华为的学习是全方位的，从经营、管理模式到服务体系等。在人力资源管理方面，华为请来了合益集团进行贴身指导。在借鉴西方先进企业人力资源管理模式的基础上，华为逐步形成了一套系统的人力资源管理体系。《华为基本法》第六十二条规定："人力资源管理不只是人力资源管理部门的工作，而且是全体管理者的职责。各部门管理者有责任记录、指导、支持、激励与合理评价下属人员的工作，负有帮助下属人员成长的责任。下属人员才干的发挥与对优秀人才的举荐，是决定管理者的升迁与人事待遇的重要因素。"

> 行动指南

学习和创新是分不开的,只有先学习,才能创新。学习也要根据自身的实际情况,全盘照搬也是不可取的。

6月30日 公司和员工的对等

公司与员工在选择的权利上是对等的,员工对公司的贡献是自愿的。自由雇佣制促使每个员工都成为自强、自立、自尊的强者,从而保证公司具有持久的竞争力。

公司采取自由雇佣制,但也不脱离中国实际。由于双方的选择是对等的,领导要尊重员工,员工要珍惜机会,对双方都起到了威慑作用,更有利于矛盾的协调。

……

企业和员工的交换是对等的,企业做不到的地方员工要理解,否则你可以不选择企业,若选择了企业就要好好干。

——摘自《华为的红旗到底能打多久》,1998年8月

> 背景分析

在中国,由于各种制度的不完善,员工与工作单位的纠纷发生频繁,尤其是在中国的国有企业和事业单位里面。僵化的用人体制导致人才不能自由流动,在很大程度上限制了企业的活力。华为公司推行自由雇佣制,允许优秀员工长期留在企业。推行雇佣制是为了对员工形成约束机制和激励机制,你想在华为长期工作下去,就必须长期好好干。员工只要做到接受调整、不懒惰、不腐化,就可以长期留在企业。只有在自由雇佣制下,公司组织的内部调整才能得以实现,并充满生机和活力,才能激活沉淀层、消除腐败层。自由流动的结果是带来内部调整的机会。公司的目标是在自由雇佣制下实现人才的选优、留优、用优。

> **行动指南**

当今世界，竞争越来越激烈，各个公司和企业都在绞尽脑汁地挖人才，留住人才。而"人往高处走，水往低处流"的观点越来越被社会接受，这也符合了人才自由流动的潮流。因此，自由雇佣制会日益成为企业和公司的用人制度之一。

7月
学习观：不搞培养制，只搞选拔制

7月1日 基本功

要重视普通员工、普通岗位的培训。要苦练基本功，培养过硬的钳工、电工、厨工、库工……工程师、秘书、计划员、统计员、业务经理……每一个人、每一件工作都有基本功。要把员工"做实"，紧紧抓住不放，否则大好形"势"就浪费了。员工眼高手低的状况要克服，做一个踏踏实实的、在本职工作中有些作为的人。

——摘自《反骄破满，在思想上艰苦奋斗》，1996年5月

背景分析

我们通常所说的基本功包括基本素质和基本技术两个方面。它是发展复杂技术和高难技术的基础，也是技术得以更好应用和发挥的条件。任正非所说的基本功是指员工要有胜任工作岗位的基本能力，它是员工个人发展和获得提升的基础。在任正非看来，新员工上岗之前必须经过培训，而老员工无法适应新的工作形势时也必须重新接

受培训。强调打好基本功体现了华为注重实干的学习态度。任正非反对员工不切实际，眼高手低，没有打好基本功，就想着做大事，实现大理想的行为。在华为公司，曾经有一名新员工，一进入公司就向任正非写了一封"万言书"，洋洋洒洒，热情洋溢。但任正非在一次大会上说："这个人如果病了，他很可能是精神病，应该送去精神病医院；如果他没有病，那么他应该辞职。"任正非反对那些没有做好本职工作就提出远大理想、宏伟计划的行为。

行动指南

"万丈高楼平地起"，任何一项伟大的事业、工程都需要从基础做起，都需要首先打好基本功。

7月2日 培训

公司近些年发展迅猛，除了万门机达到世界一流水平、大量投产开局外，还在进行处理能力极强、中继容量数万门的智能网SSCP点的研究。一旦成功，将担负起中心城市各种新业务的汇接。如果我们的员工素质不高，培训不严，因经验不足、处理不当造成全网瘫痪，这将是多么可怕的局面。因此，从难从严，从实际出发，各级组织加强员工培训，是一项长期而艰巨的任务。

——摘自《从二则空难事故看员工培训的重要性》，1994年12月

我们要特别对从前方回来的员工提供更多的培训机会，改进培训的手段，大力发展电化教学，使公司各种好的培训能普及到天涯海角。我们任何一个到前方去的技术与管理人员，都至少要抽一个小时在办事处讲一课。做不到这一点的，考核中的团结合作，就要打折扣。每一个市场人员，都要利用点滴时间自我培训，每天、每时、与每一个人打交道，您都是在接受着不同方位的培训，只是您不自觉罢了。

——摘自《不要忘记英雄》，1997年1月

背景分析

如今，无论是在国外企业还是在国内企业，新员工在上岗之前都必须经过培训，企业也越来越重视对员工的培训。在华为，无论是新员工还是老员工，都必须经过严格培训才能上岗。任正非曾经说过，刚刚走出大学校门的毕业生，会面临着在学校所学的理论知识和在公司所用的实践知识不一致的矛盾，解决这一矛盾的方法，首先是要进行培训。华为将持续的人力资源开发作为人才可持续成长的重要条件，永不停息地致力于建设一个学习型组织。为此，华为在员工培训方面投入了大量的人力和物力。

华为公司员工的培训体系包括新员工培训系统、管理培训系统、技术培训系统、营销培训系统、专业培训系统、生产培训系统。华为培训集一流的教师队伍、一流的技术、一流的教学设备和环境为一体，拥有专、兼职培训教师千余名。建在深圳总部的培训中心占地面积13万平方米，拥有含阶梯教室、多媒体教室在内的各类教室110余间，能同时进行2000人的培训。教室的装备和设计可以满足教师授课、基于技能的培训（Technologies Based Training，TBT）、辅助教学等多种教学手段的需要。培训中心还拥有三星级学员宿舍、餐厅、健身房等生活、娱乐、体育设施，为培训学员提供舒适的学习、生活条件。华为员工的主要培训方式为：课堂教学、案例教学、上机操作、工程维护实习和网络教学等多种教学形式，广泛采用多媒体CD培训、视频培训、音频培训等教学手段，并逐步发展基于互联网和电视网络的远程教学，使学员无论何时何地均可得到华为系统化、个性化的培训。

行动指南

培训是员工走上工作岗位之前的重要阶段，它决定着员工未来的工作质量，培训过程是再学习的过程。

7月3日 业精于勤

希望丢掉速成的幻想，学习日本人踏踏实实、德国人一丝不苟的敬业精神。生活中真正能精通某一项技术是十分难的。您想提高效益、待遇，只有把精力集中在一个有限的工作面上，不然就很难熟能生巧。您什么都想会、什么都想做，就意味着什么都不精通，任何一件事对您都是做初工。努力钻进去，兴趣自然在。我们要造就一批业精于勤、行成于思，有真正动手能力、管理能力的干部。机遇偏爱踏踏实实的工作者。

——摘自《反骄破满，在思想上艰苦奋斗》，1996年5月

同样，每个员工都要以绝大部分精力学好自己的专业，学好技术，学好业务。业精于勤。

——摘自《谈学习》，1998年6月

背景分析

不同的人有不同的学习观：有的人喜欢博采众长，兴趣爱好很广泛；而有的人则是专攻一项，心无旁骛。在任正非看来，后者更适合华为的企业文化。他说，每个人的精力都是有限的，应该集中精力学习研究一个领域，成为那个领域的专家，华为更需要的是专才，而不是通才。这也是任正非反复强调的实干精神。他举例说，第二次世界大战结束以后，日本、德国国内一片废墟，但是很快日本、德国的经济就赶了上来，20世纪80年代，日本、德国已经成为经济强国。任正非认为，日本、德国之所以能够取得经济上的飞速发展，很大程度上是因为两国人民都具有实干的精神。因此，任正非号召华为人，要踏踏实实地工作，向日本人民、德国人民学习。而任正非所强调的实干精神的核心就是每一位员工要"干一行，专一行"，认真负责、脚踏实地地把自己的本职工作做好。

> 学习观：不搞培养制，只搞选拔制

行动指南

学习的方式有很多种，个人的目的也不一样，但如果想成为某一行业或领域里的专家，就必须集中精力，努力钻研。

7月5日 向西方国家学习

我走过许多国家，考察过众多的工厂，一直被资本主义国家员工的敬业精神所感动。我多次在员工教育会上讲过，我们要赶超发达的资本主义国家，就应向它们学习长处。

——摘自《从二则空难事故看员工培训的重要性》，1994年12月

背景分析

由于受到新中国成立以来阶级斗争观念的长期束缚，人们对资本主义国家和人民的固有成见依然根深蒂固，如："不是东风压倒西风，就是西风压倒东风"；社会主义国家的人民是勤劳善良的，而资本主义国家的人民是腐化堕落的；等等。任正非打破了这种旧有观念的局限，他认为资本主义国家有很多值得我们学习的地方，如资本主义国家企业员工所具有的敬业精神、开拓进取的精神就值得中国企业员工学习。为了学习西方企业的先进经验，任正非先后远赴德国、日本、美国，对这些国家的企业进行了深入的考察和研究。他深深感受到了中国企业与西方先进企业的差别，他认为华为只有虚心学习西方先进企业的长处，同时结合中国的实际，才能更好地发展。他也号召华为全体员工，要学习日本、德国人民的勤劳，要学习美国人民的创新精神。

> 行动指南

在工业化道路上，中国远远落后于西方。因此，中国企业要走向现代化，也必须向西方企业学习。学习和借鉴没有国界之分，中国企业应该抛开固有的成见。

7月6日 向竞争伙伴学习

我们的竞争伙伴04机（巨龙通信）、大唐、中兴都有十分明显的进步。04机市场的覆盖面比我们大，中央对它也比较支持；大唐有着十多年国家级科研打下的底子，在科研的深度、广度上都得天独厚，他们对电信的系统认识比我们深刻；中兴公司与我们同处深圳，朝夕相处，文化比较相近。中兴在"做实"这个方面值得我们基层员工好好学习。华为在"做势"方面比较擅长，但在"做实"方面没有像中兴那样一环扣一环，工作成效没有它们高。

——摘自《再论反骄破满，在思想上艰苦奋斗》，1996年6月

> 背景分析

1994年，任正非写作了《论反骄破满，在思想上艰苦奋斗》，1996年，又写作了《再论反骄破满，在思想上艰苦奋斗》，可见任正非对这一问题的重视。任正非一贯主张华为应该向优秀企业学习，无论是国外先进企业还是本土企业，无论是华为的竞争对手还是华为的客户。世界上优秀企业千千万万，结合自身特点，找到自身的差距，才是客观理性的学习行为。同城兄弟中兴通信是华为的老对手，两家公司虽然在很多领域直接交手，甚至争得你死我活，但是任正非看到更多的是中兴通信的优势，以及华为公司的劣势，主张多向对手学习。

1996年，中兴通信宣布上市；1998年，中兴通信上市的第二年，公司实施向准事业部制转变，初步搭建起先进的经营管理平台；1999年，中兴通信通过试行经济责任制，进一步优化这种体制的"硬件"部分，使之成为符合自己产品线特点和市场特点的

先进现代企业体制，充分发挥出体制优势；2000年是中兴通信的"速度年"，公司将"规模"和"效益"作为重要的经营指标，通过市场和企业的互动，不断优化企业管理中的"软件"部分；2000年，中兴通信业绩喜人，各项业务均取得了突飞猛进的增长，全年实现主营业务收入逾45亿元人民币。

此时的任正非虽然十分自信，并推崇IBM等公司的管理经验，但他对中兴通信的成就也十分关注，并虚心学习中兴通信的一切先进做法。任正非很清楚，作为非上市公司，华为的很多行为更需要完善的流程指导和规范，因此，华为下大工夫引进西方先进的管理体制，改革流程，同时规避了中兴通信作为国有背景的上市公司的管理弊端。

正是因为任正非虚怀若谷的学习精神，华为不断赶超，最终将中兴通信等所有国内同行远远甩在了身后，并逐步成长为了世界第一大通信设备制造商。

2020年，任正非依旧多次强调，要向一切优秀的人学习。谦虚、戒骄戒躁已经成为华为人的一大特征。

行动指南

竞争并不只意味着你死我活的对抗，更意味着多了一个学习的参照者和督促者。

7日 向强者学习

我们要积极地向强者学习，尊重他们的市场领导地位，积极但有序地开展竞争，以激活双方的组织体系，实现共赢。

——摘自《不要试图做完人》，2008年6月

背景分析

任正非一直都提倡要向强者学习，学习强者并超越强者，让自己成为强者。他强

调要必须抱着求教的心态，向强者学习，不断地发展自己。

1997年，华为市场部的集体大辞职，内部竞聘，年年翻番的销售指标，一轮又一轮的培训，海外市场的开拓，业务流程的重组……华为的市场部在轮翻地"折腾"自己。华为市场部在困境中学习，在学习中进步，从上到下身体力行，超越自我，始终保持高昂的斗志和积极进取的精神，为华为做出了卓越的贡献。如此的"折腾"，受到了任正非的充分认可，他号召全体华为人（包括市场部的工作人员）向市场部学习，也是为了让公司始终充满危机意识，在做实中不断优化自己。

任正非强调：学习不是走形式，在学习过程中，千万不要"认认真真走过场"，那是形左实右，自欺欺人。学习市场部，要学他们精神的内涵，并将其融入实际工作中。要善于给自己施压，意识到自己的差距，努力在工作中点滴改进，这样的学习，才能真实地提高自己的水平，增强企业的竞争力。自胜者才能胜人。

行动指南

古语有道，"海纳百川，有容乃大"，自己要成为强者，就要向强者学习、向榜样学习。你可以花数十年，甚至毕生精力，自己慢慢摸索如何成为强者，但这不是最好的方法，向强者学习成功的方法，是变强大的捷径。

7月9日 向最优秀的人和企业学习

如果我们不想死，就要向最优秀的人学习；即使对方反对我们，我们也要向他学习，否则怎么能先进呢？科技公司不先进就一定死掉了。因此，不想死就要努力学习。
……

华为生存下来的唯一措施，就是向一切先进的老师们学习，孔子说"三人行，必有我师"，少于三人也有我们的老师，应该向他们学习，将来才会有继续前进的可能性。

——任正非接受《南华早报》总编辑采访，2020年5月

学习观：不搞培养制，只搞选拔制

背景分析

早在2012年，任正非与华为"2012诺亚方舟实验室"专家座谈的时候就提出，华为必须向世界上一切优秀的企业学习。其实，华为一直就是这样做的，早在1997年就向IBM学习集成产品开发，向合益集团学习人力资源管理等。华为从非常弱小成长为世界最大的电信设备制造商，就是一路向先进企业学习的过程。

华为成为世界第一大电信设备制造商之后，向优秀企业学习的步伐丝毫没有停止。在与华为"2012诺亚方舟实验室"专家座谈的时候，任正非提出：隐私保护方面华为要学习苹果；开发模式学习亚马逊，一个卖书的书店突然成为全世界电信营运商的最大竞争对手，也是全世界电信设备商的最大竞争对手。谷歌也很厉害，大家也看到"谷歌军团"的作战方式。微软也很厉害。任正非由衷感叹道："到处都是华为的老师，到处都可以学习。"

行动指南

所谓无知者无畏，很多时候说的是那些不知天高地厚、妄自尊大的企业或者个人，这样的企业或者个人最终的结果很可能是一败涂地。

7月10日 向无名英雄学习

如果我们用完美的观点去寻找英雄，是唯心主义。英雄就在我们的身边，天天和我们相处，他身上就有一点值得您学习。我们每一个人的身上都有英雄的行为。当我们任劳任怨、尽心尽责地完成本职工作时，我们就是英雄。当我们思想上艰苦奋斗，不断地否定过去；当我们不怕困难，越挫越勇……我们就是真正的英雄。我们要将这些良好的品德保持下去，改正错误，摒弃旧习，做一个无名英雄。

——摘自《不要忘记英雄》，1997年1月

背景分析

每个时代都有自己的英雄，英雄具有强烈的示范效应，是人们学习的榜样。随着时代的发展，英雄的标准变了，榜样的标准也随之改变。任正非的英雄观与众不同，他认为，所谓的英雄，并不是那些建功立业、舍生取义的人，而是那些在平凡的岗位上默默耕耘、无私奉献的人，这些人才是华为最需要的英雄，他们是无名英雄。

华为人要以身边那些默默无闻的奉献者为榜样。任正非号召员工向那些无名英雄学习，无非是希望全体员工都能够在自己的岗位上尽心尽责，脚踏实地地把工作做好。

行动指南

美国前总统肯尼迪曾经说过："判断一个国家国民素质高低，要看他们尊敬和崇拜什么样的人。"判断一个企业员工素质的高低，也要看他们以什么样的人为榜样。

7月12日 自觉

我们提倡自觉地学习，特别是在实践中学习。您自觉地归纳与总结，就会更快地提升自己。公司的发展，给每个人都创造了均等的机会。英雄要赶上时代的步伐，要不断地超越自我。市场部集体辞职展示的是1000多名员工的高风亮节，这要在你们的未来再次体现。

——摘自《不要忘记英雄》，1997年1月

背景分析

学习态度分为两种：一种是主动的学习，也就是自觉的学习；另一种是被动的学习，也就是被迫去学习。很显然，自觉学习的效果会更好。养成自觉学习习惯的人，更容易产生对学习、工作的兴趣，也能够更快地找到解决问题的方法。1996年，以孙

亚芳为首的华为市场部中高层发动了当时引起争议的"市场部大辞职"事件，以自我否定的方式强行推动公司市场策略从"公关型"向"管理型"过渡。孙亚芳在"集体大辞职"一年后的讲话，或许能准确描述这场"运动"背后的动机和意义："我们将面临更高层决策的客户，他们有多年引进项目的经验和丰富的专业知识，他们是用国际营销市场这把尺子要求我们的。我们面临的是现代化指挥作战和产品多元化销售中缺乏业务指导的问题，身先士卒、冲锋陷阵和领导模式已成为历史。"可见，这次"集体大辞职"是一种自觉的行为，是自觉的归纳和总结，是自我批判。在任正非看来，这就是一种自觉学习、自觉实践的态度，华为人应该向市场部学习这种精神。

行动指南

学习态度决定学习效果，自觉、主动学习的人无疑更能够发挥主观能动性。

7月13日 切勿削足适履

不要把学习英雄停留在口头上，要真正用心去学习。用户服务中心员工向我们展示的是什么呢？就是最具代表性的华为文化，只有它才会生生不息，把我们带向繁荣。

不追求达到最佳，但应该能先用起来。"削足适履""穿美国鞋"固然会有一个痛苦的过程，但最终还是使一个系统跑起来了，这样学习就产生了效果。如果好高骛远，追求不切实际的目标，致使系统无法运行，也许我们培训了几个专家，但浪费了大量的人力、物力，这样的学费我们交不起。

——摘自《资源是会枯竭的，唯有文化才能生生不息》，1996年12月

背景分析

任正非所表达的意思是，学习不能流于形式，要学以致用。信息爆炸的时代，同时也是信息泛滥的时代，如不掌握良好的学习方法，有的放矢，就会湮没在信息海洋

中而得不到提高。华为反对空洞的理想，倡导点点滴滴地改进工作，就是既要努力学习，又要做实，做不好本职工作，实质上就没有学好。学习是个痛苦的过程，尤其是一些改革，可能会导致部分人的利益受到损失、权利受到制约，这样的学习阻力是显然存在的。从1997年开始，华为先后聘请了一些著名顾问公司提供咨询服务，以"先僵化、后固化、再优化"的学习原则强力推行新的流程。

行动指南

在学习的过程中，适当使用点强制性的手段，有时候还是有效的。

7月15日 本职没有做好就是没有学好

我们要求中高层干部及一切要求进步的员工，要在业余时间学习，相互切磋，展开有关讨论及报告会。不要求一切员工都形式主义地跟着念报。员工也有不学习的权利，公司也有选拔干部不使用的权利。这种权权交换，使得每一个要进步的员工都会自觉地学习。中高层干部退步的，我们也要把他调整下去。对《华为基本法》中的企业文化，是否熟读《唐诗三百首》就行了？我们考核你是否学好，是看你本职工作是否做好，是否有做好本职工作的潜力。因此，没有做好本职工作的员工，就肯定没有学好。

——摘自《谈学习》，1998年6月

背景分析

在华为，级别越高，需要学习的东西越多。华为要求中高层干部在业余时间也不能放松学习，这体现了任正非强烈的忧患意识。在任正非看来，对于员工来说，不学习就得不到提拔的机会；对于干部来说，无论职位多高、资历多深，都不能躺在功劳簿上睡大觉，不学习、不进步就意味着下岗。任正非明确要求员工，业余时间可安排一些休闲活动，但还是要有计划地读些书。为此，华为经常给各个级别的干部发及其他员工很多书，有华为内部自己编写的，也有从外面集体购买的。任正非鼓励大家多读书，多钻研业务，还经常组织员工写读书心得。

> 行动指南

学习从来没有太晚之说，只有是否坚持之说。

7月16日 不学习会被淘汰

任何一个人想要不被时代所淘汰，唯一的办法就是：学习，学习，再学习；实践，实践，再实践。必须在学习和实践中取长补短，否则你一定会被淘汰。

——摘自《创业创新必须以提升企业核心竞争力为中心》，1999年2月

> 背景分析

一位即将毕业的学生咨询校长："学校以何种标准来颁发学位？"校长答道："如果一名学生知道得很多，我们将授予他学士学位；如果他知道一些，我们授予他硕士学位；如果他一无所知，我们就要给他博士学位了。"校长的回答很值得回味，学习是没有止境的，越是深入地学习，越会发现自己的无知。换句话说，一个人学识越渊博越会发觉有继续提高的空间，学习对每一个人来说都不是多余的。

那么，学习到何种程度才算完美？庄子阐述得很精辟："吾生也有涯，而知也无涯。"在知识更新速度不断加快的今天，当知识不是以多寡而是以新旧来衡量的时候，差距是相对的，机会、财富也是暂时的，唯有不断学习才是进步的硬道理。不善于学习的人就面临被淘汰的危险。如今，很多现代化公司都采用末位淘汰制，甚至有的学校也采用这种制度，如美国著名的西点军校。

在华为，任正非自始至终都用《华为基本法》来严格要求，通过各种绩效考核方式和末位淘汰制让员工的压力无处不在。最直观的一个事实就是：华为员工的手机必须要

保证一年365天都开机，一旦出现无故关机，联系不上，严重的会罚款、降薪、开除，轻则通报批评，并会影响该员工季度考核。无论是新员工的培训，还是干部的任免，华为都实行末位淘汰制，这也使员工之间形成了良性竞争。

行动指南

淘汰制是企业最基本的激励方式。

7月18日 学习创新

我多次去过美国，美国人民的创新机制与创新精神留给我很深的印象。他们连玩也大胆去创新，一代又一代人的熏陶、传递，一批又一批的移民又带来了不同文化的冲击、平衡与优化，构成了美国的创新文化。

——摘自《我们向美国人民学习什么》，1997年12月

背景分析

尽管很多中国企业认为，自己不缺乏创意，但中国企业在更广泛的地域，尤其是在发达国家和地区留下的印象仍旧是缺乏创新，"中国制造"必须尽快升级为"中国创造"。任正非早就认识到了这个问题。1998年，他远赴美国，给他带来最大的触动就是美国人和美国企业的创新精神。在美国成熟的创新机制的推动下，美国高科技企业风起云涌、层出不穷。

IBM是昔日信息世界的巨无霸，20世纪90年代，却让一些创意不断的小公司"作弄"得几乎无法生存，1992年甚至差点解体。因此，创新能力是一个企业的核心竞争力，缺乏创新，实力再强的企业也会衰落。而一个国家的创新机制是否完善，则是企业创新能力能否发挥的重要基础。中国社会受传统观念的影响很深，很多人对新事物都抱着怀疑、否定的态度，这种环境下创新体系非常不完善，企业尤其是民营企业进行创新活动就会显得非常孤单。华为当年研制C&C08交换机时缺乏资金，但作为民营企业，

行动指南

在攀爬高墙之前，先把帽子扔到墙的另一边，这样，不管爬墙有多少困难，自己都尽最大的努力去爬墙。"有压力才有动力"是永恒的真理。

7月21日 开放自己

每个人都必须开放自己，吸收他人的经验，形成一个和谐的奋斗集体，使集体智慧在产品设计、中试、生产过程得到最佳的发挥，产品就会越做越精良。

——摘自《上海电话信息技术和业务管理研讨会致谢词》，1995年6月

背景分析

学习的方式分为开放式学习和封闭式学习。封闭式学习是指闭门造车，不与外界交流，是一种自娱自乐的学习方式；而开放式学习是指博采众长，利用一切可以利用的资源，吸取其他人的经验，为我所用。随着全球化趋势日益明显，任何一个国家、民族都应该积极与外界交流合作，完善自我。企业发展也是如此，不仅要与本土企业交流、合作，还要同国际上的大企业交流、合作。在公司内部，员工与员工，以及员工与领导之间，都应该相互学习。显然，这种学习的前提是，每个公司、每个员工都充分开放，与周围同事分享经验、教训。

行动指南

开放与合作是世界发展的趋势，是企业获得长足发展的重要途径。

无法获得政府的创新资金支持，只有靠自有资金，甚至靠高利贷进行赌博。近些年，国内创新体系有了很大改善，但社会上固有的偏见仍旧存在，中国企业的创新之路任重而道远。

行动指南

创新不只关乎企业的生存发展，更关乎国家和社会的进步，创新不只是企业的事情，更是国家和社会的事情。

7月20日 上华为大学需自费

恭喜大家成为华为大学第一届自费大学生，我们要继续推行这种路线：在公司内部，除了收学费，停产学习还要停薪；教材也要卖高价，你想读书你就来，不想读书你就不要来。交学费不吃亏，为什么不吃亏呢？因为学好了你的能力也就提升了，在工作中出绩效和被提拔的机会就多了；即使没学好被淘汰了，说不定是现在退一步，而将来能进两步呢？所以投资是值得的。

——摘自《在华为大学干部高级管理研讨班上的讲话》，2011年1月

背景分析

华为之所以在华为大学推行员工自费上学，是为了给企业增进三个造血功能：一是学习提高了员工的能力，使员工增加了健康血液；二是华为大学有了学费收入，会办得更好，它的造血功能也会更强大；三是华为得到了大量的后备干部，增加了新鲜的血液。

收取学费，是为了调动员工更高的积极性，用任正非的话来理解就是："以后收费标准可能会越来越高，交学费、停薪就是要让你有些心痛，有痛的代价你才会更努力。"

7月22日 不搞培养制，要搞选拔制

我们不搞培养制，我们没有责任培养你，我们是选拔制，选拔更优秀的人才出来。在全公司和全世界范围内选拔优秀者，落后者我们就淘汰。我们不会派一批老专家苦口婆心地与落后者沟通，迁就落后者，在这个问题上我们要改变过去的一些做法。

——摘自《在华为大学干部高级管理研讨班上的讲话》，2011年1月

背景分析

随着华为的发展壮大，任正非劝员工学习的方式也有所改变，华为大学的办学方针要从"培养制"转变为"选拔制"。任正非在2011年1月华为大学干部高级管理研讨班上说道："我们要从过去的培养制和苦口婆心的培育方式，转变成你爱学就学，不学我们也不会给你'穿小鞋'，我们关键是通过看你工作干得好不好来确定你的去留，而不是看你爱不爱学习。历史上不好好学习最后成了伟大人物的例子很多，学习不要强求。"

行动指南

虽然说培养员工是企业重要的社会责任，但毕竟企业不是学校，它给员工支付薪水是以员工为企业创造价值为前提的。即便对于一个"学习型组织"，也不可能把培养员工作为天职，企业不可能把自己存在的意义定为让员工"好好学习，天天向上"。

7月24日 学习伟大品格

当一个国家处于危难之中，方显这个民族的本性与品质，这次大地震日本人民表现出的伟大品格，值得我们华为人学习……

——摘自《关于珍爱生命与职业责任的讲话》，2011年2月

背景分析

2011年3月11日，日本发生9级地震并引发海啸，地震亦造成日本福岛第一核电站1-4号机组发生核泄漏事故。在日本发生大地震、大海啸、核辐射的情况下，华为日本团队在董事长孙亚芳的领导下，没有撤退，沉着、冷静地参加抢险。在任正非看来，这不仅是一次向日本人民学习的机会，同时也向日本的运营商展示了中国公司的风采。

2011年2月15日至2011年10月23日，利比亚发生武装冲突。在利比亚的大撤退中，华为人表现出了沉着、镇静、互相关爱，并多次主动把希望与机会让给其他人。华为人当时的表现可歌可泣。华为副董事长胡厚崑向任正非汇报时，说到当时的情况十分动情。任正非说："那些坚守在高危地区和在高危险地区陪伴亲人的家属，都应获得尊敬。没有他们的牺牲，就没有我们如今的成绩。"

行动指南

香港首富李嘉诚曾说过："没有品德的人，终究成不了大事。"一个成就大事业的人，会将品德操守置于首位。一个人的道德品质决定他的行为方式，他的行为方式又会影响他个人成就的高低。

7月26日 每天进步一点

华为就是一只大乌龟，25年来爬呀爬，全然没看见路两旁的鲜花，经济这20多年来一直在爬坡，许多人都成了富裕的阶层，而我们还在持续艰苦奋斗。爬呀爬……一抬头看见前面矗立着"龙飞船"，跑着"特斯拉"那种神一样的乌龟，我们还在笨拙地爬呀爬，能追过他们吗？

——华为新年献词《用乌龟精神，追上"龙飞船"》，2013年10月

背景分析

任正非讲述了大家耳熟能详的龟兔赛跑的故事。古时候有个寓言，兔子和乌龟赛跑，兔子因为有先天优势，跑得快，不时在中间喝个下午茶，在草地上小憩一会儿，结果让乌龟超过去了。

任正非这段话里说的"龙飞船"，又译"天龙号"飞船，是由美国私人太空公司，就是特斯拉创始人马斯克创立的美国太空探索技术公司（SpaceX）牵头研发的，是全球屈指可数的商用太空飞船之一，也是世界上第一艘由私人公司研发的航天飞船。

任正非用"龙飞船"和特斯拉等特指行业领先者，代表的是世界顶尖技术，任正非把华为比喻成一只大乌龟，其实是说华为人的价值观和华为人的做事方法。

乌龟精神之一就是日日精进，每天进步一点点。俗话说，不怕慢，就怕站。所谓的站，就是停滞不前。个人成长与公司经营都是如此，成长是一个逐步的过程，一点一滴的量的积累，才能带来最后的质的变化。要想做到每天进步一点点，就必须每天反思，一点点地改进工作。

华为早期的产品也是非常粗糙的，质量不稳定，导致客户投诉很多。但华为人一直在改进，技术一点点地进步，最终形成了自己的技术优势，直到世界领先。现在很多企业都在学习华为的管理，华为的管理水平是当下中国企业里最先进的之一。但这种高水平的管理，也不是一蹴而就的，而是 30 多年来持续学习、逐步改进提升得来的，是由无数个小小的改进、无数次反思和提升共同造就的。

行动指南

量变最终形成质变，自我发展、企业发展和管理也是如此。

7月28日 "养""用"结合

专家一定要从实践中来，到实践中去，要"养"和"用"相结合。学习专业知识，是"养"的过程；业务实践，则是"用"的过程。只会纸上谈兵，不会打仗，不能履行组织使命，不可能成为专家。但掌握专业知识，只是做到了成为专家的第一步，充其量算得上是一个"理论高手"。因为在这个阶段，专业知识还只是"生产资料"，尚未形成实现组织绩效的"生产力"。

GTS作为一个客户服务型组织，要通过服务不断为客户创造价值。而创造价值的过程，就是一个运用专业知识的业务实践过程。因此，专家一定要在掌握专业知识的基础上，不断深入业务实践，用自己的专业特长为客户和公司创造价值，同时在业务实践中，将专业知识转化为个人的专业技能，即在游泳中学会游泳。"养"和"用"相结合，使我们不断获得锻炼和成长，这也解释了为什么我们现在选拔专家，一定要看他是不是有过在大项目中摸爬滚打的经历和经验，是否经受过一线战火的洗礼。

——摘自《专家要从实践中来，到实践中去，"养""用"结合》，2005年6月

背景分析

李杰1992年进入华为，早年担任过研发工程师、工程技术部研究室主任，后进入市场部。1998年4月，他担任莫斯科代表处代表、独联体地区部总裁。2005年1月，他担任全球产品行销部常务副总裁。2006年3月，他担任全球技术服务部总裁。李杰的成长路线是华为人努力学习、快速成长的样本。

在华为看来，专家不是传统意义上的荣誉或称号，而是代表一种责任。专家是有一技之长，承担相应责任，并通过发挥自己的专业特长完成组织使命的特殊群体。如果在一线战火中由于个人原因败下阵来，那就说明对专业知识和专业技能的掌握还不够好，暂时还够不上专家的条件。专家一定要经得起责任结果的检验。

华为认为，技术服务专家要在以下四个方面体现其责任结果导向。

① 解决重大技术问题。技术服务是一门应用科学，所以专家的核心价值之一，就是要能够解决应用中的重点、难点问题，充当爆破手和突击队的角色，如负责重大项

目交付中的技术问题，主导解决交付中的技术瓶颈问题，与客户CTO（首席技术官）平行对话引导需求等。

②开展客户价值创新。专家经常和客户网络打交道，对客户网络的了解应该是比较深的，比较容易发现机会。专家要在发现机会、抓住机会方面有所建树，为客户创造价值，为公司创造利润。

③经验输出和共享。专家在解决重大技术问题的同时，要将解决方案总结出来，形成案例，这是专家的责任，也是专家的优势。专家在业务实践中积累下来的经验非常有价值，如果这些经验只是留在专家的脑子里，不能被分布在全球各地的广大员工所分享，将会是一个很大的损失。

④人员培养。专家要怀着开放的心态做好"传帮带"，不能将独门绝技藏着掖着，谁也不传授。在专家评定时，要把带徒弟作为专家评定的关键要素。

行动指南

要与业界专业化的客户建立长期合作，必须有与之相适应的专业人才，在相应专业领域与客户开展对等的业务交流与互动。因此，专业知识和专业技能，已经成为与客户之间最重要的一种工作语言，成为建立客户信赖、满足客户需求、创造客户价值的关键成功要素。专家是专业知识和专业技能的重要载体。

7月30日 取精去粕，有的放矢

信息爆炸的时代，如不掌握良好的学习方法，有的放矢，就会湮没在信息海洋中而得不到提高。我们反对空洞的理想，倡导点点滴滴地改进工作，就是既要努力学习，又要做实。做不好本职工作，实质上就没有学好。

善于学习的个人将会跟上信息时代的步伐，善于学习的团队将会在激烈的市场竞争中立于不败之地。孟子曰："求则得之，舍则失之。"

唯有孜孜不倦地学习，勤思不怠，才能为个人及团队的发展打开一路绿灯。

——摘自《学习——进步的硬道理》，2000年8月

背景分析

中国民众在对待西方事物的过程中一度走向两个极端，要么全盘否定，要么全盘接受。如鸦片战争之后，洋务派把西方的东西完全照搬过来，脱离了中国社会的现实，最终失败。改革开放之前，中国对西方事物基本是持全盘否定的态度。改革开放以后，中国在经济、政治、文化领域学习和借鉴了西方国家的优点，但不是盲目照搬，中国取得了巨大成就。

任正非深刻认识到了这一点，他强调，对于西方企业的各种制度，华为公司要"取其精华，弃其糟粕"。访问日本时，任正非看到了日本人民勤劳敬业的优点，也看到了日本企业所面临的债务过剩、设备过剩以及雇佣过剩的困境。因此，他认为向西方先进企业学习要结合自身的实际，要善于取其长、补己短，最重要的是要能够学以致用。

行动指南

随着信息技术的发展，信息过剩的现象越来越严重，怎样有选择性地学习变得越来越重要。不加选择，盲目学习，会导致大量时间的浪费，也会影响学习的效果。

8月
品牌：用户选择的不是产品而是公司

8月1日　名牌就是承诺

中研系统组织的分层结构、梯度建设、目标管理有了长足的进步，使不适应大发展的低效扁平管理有了改变。这种结构性的改变，对充分调动各方面的积极性、能动性，实现资源共享，提供了良好的动力，对公司快速、稳定地协调发展，起到了积极的促进作用。面向未来、面向客户的科研方针，已激起了广大研究、中试、用服人员的震荡。我们产品中有些十分艰难的研究、设计、中试都做得十分漂亮，而一些基本的简单业务，长期得不到解决，这是缺乏市场意识的表现。面向客户是基础，面向未来是方向。没有基础哪来的方向？土夯实了一层再撒一层，再夯，才会大幅度提高产品的市场占有率。什么叫名牌？名牌就是承诺。

——摘自《自强不息，荣辱与共，促进管理的进步》，1997年7月

背景分析

品牌（brand）一词来源于古挪威文字brandr，意思是"烙印"，它非常形象地表达出了品牌的含义——如何在消费者心中留下烙印。名牌（famous brand）就是知名品牌，国际上并无统一的定义，经济学界普遍认为名牌的基本要素包括：具有极高的知名度和荣誉度；其商品竞争力强劲，市场占有率高；工艺精湛，内秀外美；质量可靠，服务优良；消费者对它有信任感、安全感和荣誉感。因此，名牌包括名牌产品、名牌商标和名牌企业三方面。

华为在创立之初，任正非就确立了明确的目标——国际电信市场三分天下，华为必有其一。也就是说，华为的目标是成为一个蜚声国际的名牌。

1997年，华为员工达到5600人，销售额达41亿元，同年推出GSM（全球移动通信系统）设备。经过20多年的发展，华为的品牌已经深入人心，成为千万高校学子的理想归宿。华为的影响力也已不仅仅限于国内。曾有某一国外媒体夸张地形容："华为的壮大，是跨国公司的灾难。"在任正非看来，名牌就是承诺，就是以诚信为本。任正非认为"诚信"包括了人的诚信和技术的诚信两个方面。华为的服务是面向人，而不是面向设备的，因此在工作中永远不能抛开对人的因素的考虑。首先，要以诚待人，和客户人员建立良好的工作关系。良好的工作关系和"诚信"的建立是华为有效开展工作的前提。其次，和客户交往，要信守承诺，无论事情大小，承诺的事情一定要按时实现，如果因为特殊原因不能实现，一定要进行详细的解释。比如说，在协调会上说第二天8点开始验收测试，结果迟到了5分钟，虽然仅仅迟到了几分钟，但在客户的眼中，华为就有可能成了不守信用的企业。因此，任正非告诫华为人，要从根本上重视承诺，不要随意承诺，承诺前仔细想一下，我们将要做的承诺的含义到底包括哪些内容，是否办得到，这需要不断地进行自我提高。最后，基层的工作必须强调务实，务实的含义就是面对所有的问题我们都要认真去做，所有问题解决后都要按流程给客户回复确认。

行动指南

诚信是中国人的传统美德，一诺千金应该是商人的为商之道。对于品牌来说，诚实守信更是基本要求。

8月2日　产品就是亲儿子

"从对科研成果负责转变为对产品负责"这个口号是怎么来的呢？从我们龙岗基地建设中，我们知道外国设计院的设计费虽然很贵，但他们对工程负责，而我们国内的设计院只对图纸负责。我们公司的研发人员以前正是由于只重视对科研成果负责，缺少对产品负责的态度才造成现在的不少问题，所以我们明确地提出了这个口号。后来我们到IBM等公司去考察，发现西方公司的产品经理也是深入到产品生产过程的每个环节中去，也是对产品负责。现在在座的所有人都须对产品负责，产品犹如你的儿子，你会不会只是关心你儿子的某一方面？你不会吧。一个产品能生存下来，最重要的可能不是它的功能，而只是一个螺丝钉，一根线条，甚至一个电阻。因此，只要你对待产品也像对待你的儿子一样，我想没有什么产品是做不好的。以前我们走了不少弯路，我们现在已采取了对产品负责的方针。我们曾经的失误导致我们6000万～1亿元的损失！当然，这一代价促使了我们C&C08交换机的成功，创造了巨大的市场。

——摘自《全心全意对产品负责，全心全意为客户服务》，1998年9月

背景分析

对公司的产品负责就是对公司的品牌负责，公司产品出现重大失误，就会砸了公司的招牌。任正非曾经批评华为某些研发人员说，以前正是由于只重视对科研成果负责，缺少对产品的负责机制才造成不少问题。因此，任正非主张华为确立对事负责的流程责任制，把权力下放给最明白、最有责任心的人，让他们对流程进行例行管理。任正非希望在华为成长起来的一批具有高度责任感的优秀员工，能提升华为的品牌价值。

> 行动指南

优秀品牌是有责任心的人创造的。

8月3日 认真对待每位用户

谁为谁服务的问题一定要解决。公司总的是为用户服务,但具体来讲,下一道工序就是用户,就是您的"上帝"。您必须认真对待每一位用户。

——摘自《致新员工书》,1994年9月

> 背景分析

在中国,随着卖方市场逐渐向买方市场过渡,任何一个企业都无法忽视客户的反应,无论是在产品的研发环节、生产环节还是销售环节,都必须考虑到客户的感受。企业的品牌实际上就是用户的口碑,是用户树立起来的,而非企业自己创造的。任正非曾经教导华为人,从企业活下去的根本来看,企业要有利润,但利润只能从客户那里来。

既然决定华为生死存亡的是客户,提供华为生存价值的是客户,华为就必须为客户服务。所以,需要聚焦客户关注的挑战和压力,提供有竞争力的通信解决方案及服务。

> 行动指南

注重客户是品牌存在的前提条件。

8月5日 质量稳定是基础

什么叫作客户满意度？客户的基本需求是什么？客户的想法是什么？他把客户的想法未经科学归纳就变成了产品，而对客户的基本需求却不予理会，产品自然做不稳定。

——摘自《在实践中培养和选拔干部》，2006年3月

背景分析

如今，在一个充满竞争的市场环境下，客户对产品的要求越来越高。客户不仅希望产品的价格低，对产品的质量也有严格的要求，即希望产品"物美价廉"。相对价格差异不大的产品来说，质量的高低左右着客户的选择。优质的产品是品牌建立的先决条件。在体育用品市场上，耐克、阿迪达斯等国际品牌在中国市场上的占有率远远高出国内品牌，这些品牌之所以能在客户中拥有良好的口碑，很大程度上是因为它们质量过硬。在创立初期，由于技术不太过关、生产过程大意等原因，一些产品的质量不是非常稳定，华为经常要派技术人员前去"救火"，既造成用户的抱怨，导致对华为品牌的负面评价的产生，又浪费了大量人力、物力。因此，任正非非常重视产品质量的稳定性，把产品的质量看做是公司的生命。

行动指南

质量稳定是塑造品牌的基础。

8月6日 好产品来自高素质

华为在这6年的发展中，以大市场、大科研、大系统、大结构为目标，建立了一个运作良好的组织体系和服务网络。现有1750人中，1400多人受过本科以上教育，其中有

800多名博士、硕士。

——摘自《在第四届国际电子通信展华为庆祝酒会上的发言》，1995年11月

华为走过了艰难的奋斗历程，已渐渐成熟，成为一个高科技企业。我们现有员工2000多人，绝大部分受过高等教育，硕士、博士占60%以上，而且每年都要在国内名牌大学选拔毕业生。

——摘自《加强合作走向世界》，1996年5月

背景分析

2006年5月初，华为公司质量部高立群等一行受美国质量协会的邀请，代表华为质量体系参加在美国密尔沃基举行的第60届世界质量大会。在短短的12天时间里，华为人参与质量会议、会见质量同行、参观美国公司，收获了大量宝贵的业界质量信息，也深刻体会到美国社会和美国成熟企业深厚的质量底蕴。

在一家200多人的芯片外围设备商M公司，华为人了解到，该公司定义了一个基本质量工作步骤，要求所有员工都必须遵守，就是：①检查自己工作输入的质量；②检查自己工作过程的质量；③检查自己交付结果的质量。

在该公司茶水间的墙上有两幅画着大陆、岛、帆船的巨幅油画——"质量航海地图"，上面描述了这个公司从1973年成立以来，所经历的所有有关质量的重大事件，包括在1991年获得美国波多里奇国家质量奖。

通过参观考察，华为人发现国外公司对产品质量非常重视，并为此不断提高员工的综合素质，只有高素质的员工才能制造出高品质的产品，否则就无法在高成熟度的工业界环境中长久生存。华为也在推动质量管理水平上不断改进，并不断提高员工素质。

行动指南

当顾客、企业老板和雇员，都在追求高质量、追求改进、追求卓越的时候，企业质量才能真正得到改进。

8月8日 品牌效应

为了争取市场，8年来近千名"游击队员"们，在通信低层网上推广着华为技术并不高的产品，呕心沥血地维护这些产品的品牌效应，给我们的新产品进入通信网提供了资格证。我们的产品产生了这么大的覆盖，是办事处人员用青春铺筑的。在转轨的今天，他们远离公司机关的文明，受培训的机会也少得多，因此各级干部对办事处人员的培养与帮助都负有责任，任何一个员工落伍，我们都问心有愧。

——摘自《再论反骄破满，在思想上艰苦奋斗》，1996年6月

背景分析

品牌效应是品牌在产品上的使用，为品牌的使用者带来的效益和影响，是品牌使用的作用。品牌是商品经济发展到一定阶段的产物，最初的品牌使用是为了使产品便于识别，随着近代和现代商品经济高度发达，品牌也迅速发展起来，其原因在于品牌使用给商品的生产者带来了巨大的经济效益和社会效益。品牌效应正是在这种背景下受到世界各国企业重视的。品牌效应是企业树立形象的有效途径。品牌是企业产品质量、特征、性能及用途等级的概括，凝聚企业的风格、精神和信誉。当消费者一接触品牌，这些内容便迅速在头脑中反映出来，从这一意义上来讲，品牌还代表企业的市场。

品牌效应是产品经营者因使用品牌而享有的利益。一个企业要取得良好的品牌效应既要加大品牌的宣传广度、深度，更要以提高产品质量、加强产品服务为根本手段。在任正非看来，那些维护了华为产品品牌效应的员工做出了很大的贡献，公司干部应该给予他们更多的帮助，提高他们的能力，使他们由"游击队员"转化为"正规军"。

行动指南

俗话说，"打江山不易，守江山更难"，企业在市场上树立品牌不容易，要维持其品牌效应也需要付出不懈的努力。

8月10日 品牌国际化

在下一步的发展中，我们已制定了第二次创业规划，我们将在科研上瞄准世界上第一流的公司，用10年的时间实现与国际接轨，这个目标我们分三步走：3年内在生产和管理上实现与国际接轨，5年内在营销上实现与国际接轨，10年内在科研上实现与国际接轨。这里，我要说的是，我们所谓的营销国际化，不是在国外建几个工厂，把产品卖到国外去就够了，而是要拥有5~6个世界级的营销专家，培养50~60个指挥战役的"将军"。

我们现在正在建设一个较大规模的工厂，厂房的长度是300米，宽度是180米，总面积达13万平方米。我们已投资1000万元引进MRP Ⅱ的软件，这个管理软件通过我们1~2年的消化和提高，将使我们的企业管理水平和生产管理水平达到国际水准。同时，投资2.5亿元，引进先进的加工生产设备，对各种调测设备实行引进与研制相结合。

——摘自《加强合作走向世界》，1996年5月

背景分析

华为从成立开始，目标就是要做国际领先企业，要创立国际品牌。这从华为两字的含义——"中华有为"也可以看出来。1995年，华为开始从农村市场向城市市场转型，当年销售额15亿元；同年，华为开始走向海外市场。1995年5月，华为的C&C08机一举进入两个国家和一个发达地区（与香港和记黄埔签订合同，为其提供固定网络解决方案，进入香港），出口实现零的突破。2004年，经过正式评估测试，华为被选为KT（凯易悌，Korea Telecom）的多媒体整合传输网示范工程（2.5G/10GMSPP）的核心骨干网多服务支持平台（MSPP）设备的供应商。KT是韩国第一大固网电信公司，因此，此次项目评估测试引起了韩国业界的普遍关注。参与评估测试的除华为外，还有UT斯达康。韩国媒体认为，这将给韩国国内通信设备市场带来一场洗牌战。随着华为的进入，韩国业界核心通信设备一直由欧美厂家垄断的局面将被打破，中国供应商将加大对韩国市场推广产品的力度。在此之前，华为曾经直接供应过首尔部分地区的TDM光传输

设备,但被选为韩国下一代光传输设备的核心装备供应商,这还是第一次。

另外,华为曾通过与 3Com 的合资公司向韩国 3Com 公司供应过全球容量最大的核心设备"Switch8800"。韩国一业界专家表示:"中国企业的优势已不仅仅是基于低成本的价格优势,其技术实力已达到全球先进水平。中国企业的产品在价格和技术上都具有很强的竞争力。"

2005 年,华为的销售额达到 453 亿元人民币。其中,海外市场达到 32.8 亿美元,海外市场首次超越国内市场。2007 年,华为已经在多个领域领先,华为正成为一个真正的国际化品牌。

行动指南

品牌的国际化是跨国公司的重要标志。

8月11日 用服务提升品牌价值

华为文化的特征就是服务文化,因为只有服务才能换来商业利益。服务的含义是很广的,不仅仅指售后服务,从产品的研究、生产到产品生命终结前的优化升级,员工的思想意识、家庭生活……

因此,我们要以服务来定队伍建设的宗旨。我们只有用优良的服务去争取用户的信任,才能创造资源,这种信任的力量是无穷的,是我们取之不尽、用之不竭的源泉。有一天我们不用服务了,就是我们要关门、破产了。服务贯穿于我们公司及个人生命的始终。当我们生命结束了,就不用服务了,因此,服务不好的主管,不该下台吗?

——摘自《资源是会枯竭的,唯有文化才能生生不息》,1996 年 12 月

背景分析

什么样的企业文化造就什么样的品牌,良好的服务文化无疑会大大提升企业的品

牌效应。1996 年，任正非曾经充满激情地回忆起华为人的创业过程。公司创立初期，华为的产品技术含量不高，质量也不好，刚毕业的学生来到华为，将研究出来的产品散布在中国 960 万平方公里的土地上。用户服务中心的员工们，用青春和心血铺就了华为成功的道路。不管冰天雪地还是烈日炎炎，在崇山峻岭中，用户服务人员没有日夜的概念，终年奔波在维修、装机的路上，用户的需要就是命令。严冬，由于积雪堵死了道路，他们被积雪围困了七八个小时，坐在零下 20 多度的车上；酷暑，他们挤在蒸笼般的超载的长途车上。当其他员工坐在温暖的办公室内，维修服务人员却因为赶不上车，在车站外面徘徊；当华为总部的员工一遍一遍得到培训，增大晋升的概率时，服务部门的人员却因公司发展太快，服务工作跟不上，一直待在远离公司的地方，一待就是两年，期间没有回来一次。当总部的华为人与家人团聚，维修服务人员却在远离公司的地方，坚守岗位……任正非认为，正是公司服务部门员工的无私奉献，维护了公司的品牌效应，推动了公司的发展。

行动指南

良好的服务文化产生优秀的服务团队，可以大大提升企业的品牌价值。

8月13日 产品多元化

1997 年是我们市场极其艰苦的一年，我们用积蓄了 8 年的力量，在中国全面争取与外国公司平等的机会。但是外国公司巨大的力量，我们还没有充分地估计。公司产品已多元化，我们的经营还未多元化，新的增长点长期长不大。

——摘自《在机关干部下基层，走与生产实践相结合道路欢送会上的讲话》，

1997 年 2 月

背景分析

多元化是现代企业发展到一定阶段的必然选择，世界500强企业中，9成以上都是多元化的企业。但是，盲目多元化很有可能给企业带来灾难性的后果。近年来出现的三九集团事件就非常典型。1991年，三九集团的前身南方制药厂挂靠到解放军总后勤部，后者将其在深圳的宾馆、物业、贸易公司等资产转到南方制药厂和其后的三九集团名下，解放军总后勤部在全国各地的一些医药类企业也相继由三九集团兼并。从这一时期直到1998年年末，三九集团经历了"低成本扩张"阶段。1999年，三九集团与军队脱钩，开始大规模兼并收购各地的国有企业。这些兼并收购，有的甚至是零作价由当地政府一次性整体转让，三九集团看似没有付出太多的成本，但实际上承担了大量潜藏的债务黑洞，其中包括很大一部分对国企的政策性贷款。这些不良资产成为三九集团日后的沉重包袱，最终，在管理不善、债务拖累、多元化扩张失利的因素下，一度辉煌的三九集团黯然失色。

也许是对企业多元化带来的危害看得太多了，任正非一直主张要专一。他在上述讲话中所谈的多元化，并非产业的多元化，而是说产品层面的多元化。华为最初的产品非常单一，就是数字程控交换机。1995年，华为进入无线通信领域，在产品多元化道路上迈出了坚实的一步，此后，华为在产品多元化上快速推进。到2007年，华为的主营业务已经形成了七大系列，产品和解决方案涵盖移动、核心网、网络、电信增值业务、终端等领域。今天的华为，产品和解决方案几乎覆盖了通信领域的所有方面，华为已经成为全线产品的系统提供商。

行动指南

产品多元化不仅是企业新的利润增长点，更是企业在行业内树立强势品牌、打败竞争对手的一大策略。

8月15日 打破条块分割

我们要以产品为中心，以商品化为导向，打破部门之间、专业之间的界限，组织技术、工艺、测试等各方面参与的一体化研发队伍，优化人力、物力、财力配置，发挥团队集体攻关的优势，一举完成产品功能与性能的研究。紧紧抓住试生产的过程控制与管理，培养一大批工程专家。进一步强化产品的可生产性、可销售性研究实验，为产品研究人员进行中试提供多种筛子，使产品经理受到真枪实弹的考验。没有中试、生产与技术支援经验的人，将逐步不再担任大型开发项目的管理职务。

——摘自《自强不息，荣辱与共，促进管理的进步》，1997年7月

背景分析

品牌需要每一个企业员工去细心维护。作为电信设备供应商，不仅产品的质量要得到保证，还要保证服务质量。华为必须把握好每个环节，任何一个环节出现差错或失误，都会对品牌产生很大的负面影响。因此，任正非强调要发挥团队集体攻关的优势，要求华为每个部门、每个员工、每个岗位以及每个服务网络都要认真负责，把好每一道关。在中国，由一点小问题，导致品牌严重受损，甚至最终破产、被收购的企业不在少数，如曾经名噪一时的电器公司万家乐、建材零售企业家世界等，都是因为一些小事情没有处理好，而遭遇重大挫折，品牌形象受到损害，家世界甚至沦落到被收购的境地。因此，任正非特别重视部门之间的沟通，要求打破部门、专业之间的界限，各部门间充分合作，消灭细节魔鬼，防止华为的品牌形象受到损害。

行动指南

品牌无小事，任何一个人，任何一件小事情，都有可能对品牌造成重大损害。

8月17日 遵循市场验收标准

市场已没有时间等待我们的成长,它不是母亲,没有耐心,也没有仁慈。我们必须,而且也是唯一的方法就是推行产品的市场验收标准,即日本的低成本、德国的高稳定性、美国的先进水平,只有同时达到这三项标准,才有可能与国际著名公司竞争。新的产品研究体系的特点:一要保持持续领先;二要以客户的价值观为导向,强化客户服务,追求客户满意度。

——摘自《狭路相逢勇者生》,1998年3月

背景分析

任正非所说的推行产品的市场验收标准,即日本的低成本、德国的高稳定性、美国的先进水平,就是要打造出优质、低价的华为品牌。众所周知,客户对品牌的普遍理解无非是低价格、高稳定性以及具有先进的技术含量。而要做到低价格,就要降低成本。华为一位高层领导在接受《21世纪经济报道》采访时证实:"华为很大的一个优势,在于高科技和低价格的产品,这使得华为的产品在市场上是非常有吸引力的。"华为认为,其产品受到欢迎的一个主要原因是很多运营商,尤其是固网运营商始终面临着来自资本市场的压力,必须不断降低资本开支。对运营商来说,产品的购买成本包括资本支出和运营支出两个部分。其中资本支出含硬件、软件和服务,主要为一次性的费用;运营支出则主要是指后期运作费用。因此,华为不但着眼于控制和降低硬件产品的价格,同时也要降低整体解决方案的价格,包括软件、服务以及其他的相关支出。只有两项成本都降低了,华为的综合价格才会具有竞争力,才能为市场所接受。

行动指南

产品的优劣,评价权在于客户,客户的信任就是对企业品牌的肯定。

8月20日 直面品牌的不足

我们最近在离职员工管理上，已删除了维护公司的声誉这一条，维护是维护不住的，只有改好才行。

——摘自《改善媒体关系座谈纪要》，2010年11月

背景分析

在过去的华为离职员工承诺书上，有一条款清楚地写明离职员工要维护华为声誉，该条款的内容是：自离职之日起两年内不得参与开发华为公司同类的产品；任何时候不得侵犯华为公司的合法权益，维护华为公司的声誉，包括但不限于不发表、不传播有损于华为公司名誉的言论，不利用华为公司原有商业渠道从事经营活动。

在2010年11月25日改善媒体关系座谈会上，任正非提到已从离职员工承诺书上删除了该条款。

任正非变了，变得开放了，面对异己的声音，他体现出了强者应该有的包容态度。"大家上不上天涯网，天涯网的一些评论比我们自己说错话对社会产生的影响还要更大一点对不对？既然那么厉害的话挂在网上，我们都可以不在乎，我们的员工实事求是地说两句批评意见有啥了不起？公司以前对外部宣传就是各方围堵，但是能堵得住千万人的嘴吗？要适应，要顺流，不要担心木筏会碰上湍流。当时公司开放心声社区，我内心也很有压力，反对的人也很多，我们还是坚持开放心声社区。我不明白为什么家丑不可外扬，员工只要坚持实事求是，事情是亲历、亲为，有不对的地方，为什么不可以外扬？"从任正非如上这段开放的言论中，我们可以看到他思想的转变。

行动指南

企业声誉是一个企业获得社会公众信任和赞美的程度，当企业声誉受到损毁时，最忌三种态度：鸵鸟政策、推卸责任、隐瞒事实。发生的已成事实，只有勇敢去面对，才能掌握化解事件的主动权。

8月22日 公司宣传原则要与个人区分

要把我个人的实际情况和公司的宣传原则区分开来。如果不区分开来，公司的宣传工作就永远在一个不正确的位置上，就会把公司的未来发展给耽误了。在我们公司要发生比较大转折的历史关头，我希望和大家在一起座谈澄清一些误解。

——摘自《改善媒体关系座谈纪要》，2010年11月

背景分析

在2010年11月25日改善媒体关系座谈会上，任正非又开始了自我批判："公司要把我个人的心理障碍和公司的宣传分开，因为华为是蓬勃向上发展的公司，适度的宣传是需要的。而我个人心里承受不起这个担子来，这是另一回事。从创立公司第一天开始，我作为一把手所要承担的负荷太重了，我们不像国有企业，有上级主管，可以请示请示，自身压力会轻一些。作为民营企业的一把手，无论什么事都必须自主决策，压抑的时间太长，人就有些麻木了。正因为如此，我和媒体打交道的方法是存在障碍的。"

"任正非从来不接受媒体采访，我至今没有机会采访他。"一位在通信行业摸爬滚打了10多年的行业媒体资深人士曾如此叹息过。2010年之后的任正非变了，他变得向媒体开放了，在2010年2月的世界移动通信大会（MWC2010）上，任正非还首次接受了网络媒体的采访。

任正非现在对待媒体的态度，不再是以前的"希望全体员工都要低调，因为我们不是上市公司，所以我们不需要公示社会"。据相关报道，现在的华为还要求高管在一年内至少接受媒体采访一次，这一要求还被计入高管的年度考核内容，与其工资直接挂钩。

2018年以来，在美国强力打压华为的大背景下，任正非开始比较频繁地接受中外媒体的采访，瞬间变成了"网红"。

行动指南

企业增加透明度是承担社会责任的重要方面，增加企业透明度也可以作为创造更佳业绩的跳板。我们要客观地看待企业的适度宣传，把每一次的宣传都看成是对品牌资产的长期投资，最大限度地提高客户的偏爱度和忠诚度。

8月24日 商品化

紧紧抓住产品的商品化，一切评价体系都要围绕商品化来导向，以促使科技队伍成熟化。我们的产品经理要对研发、中试、生产、售后服务、产品行销……负责任，贯彻了沿产品生命线的一体化管理方式。这就是要建立商品意识，从设计开始，就要构建技术、质量、成本和服务的优势，这也是一个价值管理问题。

——摘自《华为的红旗到底能打多久》，1998年8月

背景分析

亨利·福特有句名言："付给你报酬的不是你的老板，而是产品。"产品的商品化，就是实现产品的使用价值和价值，就是要使产品能够大规模生产，且能够在市场上销售，并得到用户的认可，实现企业的商业目标。企业要实现产品的商品化就必须把好产品线的每一道关口，如要加大对研发的投入、提高产品的质量以及提升售后服务水平等。产品的商品化策略就是为了使产品在市场上具有较强的竞争力，使产品价值得以实现，企业的品牌价值才能得到提升。

行动指南

商品化是产品实现价值的第一步。

8月26日 用户不是在选择产品而是在选择公司

用户不是在选择产品，而是在选择公司，选择对公司文化的信任程度。我们深知，华为与世界著名公司在管理上还有巨大的差距，我们一定要向爱立信、诺基亚、西门子、阿尔卡特等世界著名公司学习，不断缩小与它们的距离。1999年，我们公司的研

发经费将提升到 15 亿元，紧紧围绕提高核心竞争力而努力。努力提高产品的性能与质量，加大出口，为自己的祖国多争取一些市场。

——摘自《在自我批判中进步》，1998 年 9 月

背景分析

随着各行各业竞争越来越激烈，进入买方市场，与其说是客户或消费者在购买产品，不如说客户或消费者是在购买品牌，消费者之所以选择有品牌的名牌产品，无非是出于对名牌的信任。早在 1992 年 1 月，邓小平同志视察珠海生化制药厂时就指出："我们应该有自己的拳头产品，创出我们中国自己的名牌，否则就要受人欺负。"

耐克、阿迪达斯等国际知名的体育用品，之所以能够在世界风行，就是因为客户对其产品质量的信赖、对其品牌的认可。可见，让人信服的品牌就是竞争力。所以，任正非说，华为产品也必须获得客户的长久信赖，这样华为才能有竞争力，为此，他主张华为要不断向西方先进企业学习，不断改进和完善自身的品牌运营。

行动指南

客户的信任就是对企业品牌的肯定，相反，一旦用户对品牌失去信心，品牌价值就大大贬值，甚至一文不值了。

8月28日 美誉度

我们产品最近通过了邮电部的质量论证，在所查的 99 项指标中，符合的 91 项，不符合的 2 项，有缺陷的 5 项。公司在不断的进步中，我们将会在本年度获得国际权威机构颁发的 ISO9002 证书。我们要不懈地为平均无故障 2000 天而努力。要争取 2000 天不出硬件故障，减少上门维修的工作量，这将会进一步降低综合成本，为用户带来利益。

在开发过程中，我们始终遵循国际上最规范的软件工程化设计方法，增强了产品软件的可继承性、可扩充性。通信产品至少使用10年，没有可继承性是非常危险的，那会造成投资的巨大浪费。

——摘自《上海电话信息技术和业务管理研讨会致谢词》，1995年6月

背景分析

企业的产品质量能经得住市场的考验，可以大大提升公司的品牌价值，而企业品牌价值的提升也可以提升其国家形象，反之亦然。有人说，要改变中国产品的形象，就必须打造一批名牌企业。当初韩国、日本企业也存在产品的质量问题，但是韩国的三星、LG等名牌公司大大改善了该国的国际形象；同样，日本的丰田、索尼等公司也改善了日本的国际形象。

中国制造的很多产品在国际上的品牌美誉度还不高，还缺乏很强的竞争力，中国急需打造一批国际名牌企业。任正非认识到了这一差距，反复强调产品质量对华为的重要性。

行动指南

有实力才有竞争力，品牌效应的维持必须有高质量的产品做后盾。

8月30日 快速响应需求

华为所处的通信行业属于投资类市场，客户购买的通信网络设备往往要使用10~20年，而不像普通消费品一样使用年限较短。因此，客户购买设备时首先是选择伙伴，而不是设备，因为他们知道，一旦双方合作，就需在一个相当长的时间内共同为消费者提供服务。因此，客户选择的合作伙伴不仅要具有领先的技术水平，高度稳定可靠的产品，能快速响应其发展需求，还要服务好，这个企业才有长远生存下去的

可能。如果达不到前面几个条件，就是把产品送给客户，客户也不要。客户的要求就是产品质量好、服务好、价格低，且要快速响应需求，这就是客户朴素的价值观，这也决定了华为的价值观。

但是质量好、服务好、快速响应客户需求往往意味着高成本、意味着高价格，客户又不能接受高价格，所以华为必须做到质量好、服务好、价格低，优先满足客户需求，才能达到和符合客户要求，才能生存下去。当然，价格低就意味着只有走内部运作成本低这一条路，不仅要在各个运作环节寻找可以优化的地方，而且在员工的工资薪酬上，要理智合理地控制，不然客户是不会接受你的员工拥有舒适的工作与生活环境，以及高工资和高成本的付出，并凌驾在他们头上。客户只有获得质量好、服务好、价格低的产品和解决方案，同时合作伙伴又能快速响应其需求，才能提升其竞争力和盈利能力。

——摘自《华为的战略》，2020年9月

背景分析

客户选择买某个公司的产品，首先选择的是公司的品牌，客户的需求是永远不变的：质量好、价格低、服务好，这也是客户对品牌进行评价的普遍标准。随着竞争加剧，企业盈利空间越来越小，同时企业为了赢得客户还要降低价格，企业只有降低成本才能获利，其中，扩大生产和销售规模是一个重要途径。因此，任正非一直强调，如果华为今后的销售额像现在一样原地踏步，那么华为将无法继续生存，因为公司投入成本太高，降低成本是当务之急。此外，提高服务质量也一直是任正非所强调的。

行动指南

得人心者得天下，失人心者失天下。在企业界，谁赢得用户，谁就是胜利者。

9月

技术：以客户需求为路标

9月1日 破除一味的技术崇拜

我们处在一个信息产品过剩的时代，这与物质社会的规律不一致。人们对物质的需求与欲望是无限的，而资源是有限的。而信息恰好反过来，人们对信息的需求是有限的（人要睡觉，人口不能无限地增长……），而制造信息产品的资源是无限的。我们不能无限地拔高人们对物质的需要，因为资源满足不了。我们也没有能力无限地刺激信息的需求，因为人还要睡觉。

技术创新到今天，很多人都已经伤痕累累了，为什么？由于互联网及芯片的巨大进步，促进了人们思维的进步，使人大脑的等效当量成千倍地增长。美国只有两亿人口，但是美国却相当于有4000亿个大脑。这些大脑一起运作，产生新的技术、新的知识和新的文化，它会大大超越人类的真实需求。因为人类的需求是随生理和心理进步而进步的，人的生理和心理进步是缓慢的。因此过去一味崇拜技术，导致很多公司全面破产。

同时，我们反对盲目创新。盲目创新导致了很多西方公司的快速死亡。我们公司以前也是盲目创新的公司，也是非常崇拜技术的公司，我们从来不管客户需求，研究出好东西就反复给客户介绍，客户说的话根本听不进去，所以在NGN交换机上犯了主观主义的严重错误，甚至在中国市场上被赶出局。后来，我们认识到自己错了，及时调整追赶，现在已经追赶上了，在国内外得到了大量使用，在中国重新获得了机会，中国移动、中国电信、中国网通等都接纳了我们，例如中国移动的T网全部是由我们承建的，这也是世界上最大的NGN网。

——摘自《华为公司的核心价值观》，2010年5月

背景分析

高科技企业是以技术立身的，没有核心技术，企业就很难长足发展。但是，如果过于强调技术的作用，将对公司的发展造成不良影响。技术不能解决所有的问题，而在某些时候，一味追求技术创新，甚至会给公司带来灭顶之灾，最典型的例子就是即时成像技术的发明者宝丽莱公司，该公司已经于2001年破产。

美国苹果电脑公司是电脑业的先驱，其在产品创新上曾经遥遥领先竞争对手，苹果公司一度被誉为电脑业最富创新精神、美国最富创新精神的公司之一。2003年，苹果推出了许多新产品，包括：G5台式电脑——第一款64位的电脑，这是行业内迄今最快的台式机；Panther新操作系统；一款键盘四周会发光以利于夜里操作的15英寸笔记本电脑；苹果第一款无线鼠标。它还推出了最重要的产品——数码音乐商店iTunes，该产品被冠以"革命性""突破性"变革的美誉。2000年，在网络泡沫破裂时，苹果公司宣称绝不会裁员，而是要"在衰退时创新"。

1981年，苹果公司营业利润率高达20%。当时的苹果公司CEO乔布斯曾对比尔·盖茨说，苹果要和微软一起共同主宰电脑行业。然而，短短20多年后，微软的年利润已经超过苹果140多倍。当然，后来苹果公司凭借智能手机再次引领产业走势，但这是后话了。

片面追求技术领先给企业带来的灾难，显然让任正非时刻警醒，因此他提醒华为人，要避免一味强调技术创新。

行动指南

技术是把双刃剑。

9月2日 保持技术领先

对于电子网络产品,大家担心的是其将来能否升级,将来有无新技术的发展,本次投资会不会在技术进步中被淘汰。华为公司若不想消亡,就一定要有世界领先的概念。我们最近制订了要在短期内使接入网产品达到世界级领先水平的计划,使我们成为第一流的接入网设备供应商。这是公司发展的一个战略转折点,就是经历了10年的卧薪尝胆,开始向高目标冲击。

——摘自《华为的红旗到底能打多久》,1998年8月

背景分析

能够在市场上屹立不倒的国际大公司、百年老店,无不是因为其在市场上一直保持着技术领先的优势。1993年年初,面对即将崩塌的庞大的IBM帝国,首位非通过IBM内部晋升方式出任IBM总裁的郭士纳,给IBM开出了四个药方,其中第一个药方就是"保持技术领先",针对不同行业提供全套解决方案,集中精力在网络类电子商务产品上发挥IBM的规模优势。华为正是吸收了IBM等国外先进企业的优点,不惜加大研发投入力度。如果说研发C&C08机时,华为还处于模仿国外技术的阶段,那么3G时代,华为已经开始与世界同步,甚至在某些领域初步领先。这些成就的背后,是华为巨大的资本投入。

行动指南

企业要在激烈的市场竞争中生存下来,必须具备一定的"独门绝技",领先的技术就是其中之一。

9月3日 只领先半步

超前太多的技术，当然也是人类的瑰宝，但必须牺牲自己来完成。IT泡沫破灭的浪潮使世界损失了20万亿美元的财富。从统计分析可以得出，几乎100%的公司并不是因为技术不先进而死掉的，而是因为技术先进到别人还没有对它完全认识与认可，以至于没有人来买，产品卖不出去却消耗了大量的人力、物力、财力，丧失了竞争力。许多领导世界潮流的技术，虽然是万米赛跑的领跑者，却不一定是赢家，反而为"清洗盐碱地"和推广新技术而付出大量的成本。但是企业没有先进技术也不行。华为的观点是，在产品技术创新上，华为要保持技术领先，但只能是领先竞争对手半步，领先三步就会成为"先烈"，明确将技术导向战略转为客户需求导向战略。

——摘自《华为公司的核心价值观》，2010年5月

背景分析

为了在市场上赢得先机，抢占市场份额，每个企业时刻都在绞尽脑汁地更新技术。但是任正非对此有清醒的认识，他说："领先一步是先进，领先三步是先烈。"对此，华为也有过教训。因此，务实成为华为技术路线的另一特色。华为的研发瞄着世界顶尖水平，但中看不中用、卖不掉的"世界顶尖水平"产品，华为不做。任正非曾将"卖不出去的研发成果"称作"奢侈性浪费"，并警告那些有盲目研发倾向的华为人："研发成果不能转化为商品，那就是失败！"

行动指南

"真理再前进一步就是谬误"，技术创新要避免盲目。

9月4日 技术投入

"高投入才有高产出",我们的成本比兄弟厂家高,因为科研投入高、技术层次高。科研经费每年8000万元,每年还要花2000万元用于国内、国外培训和考察。重视从总体上提高公司的水平。这种基础建设给了我们很大的压力。但若我们只顾眼前的利益,忽略长远投资,将会在产品的继承性和扩充性上伤害用户。

——摘自《上海电话信息技术和业务管理研讨会致谢词》,1995年6月

作为高技术产品的程控交换机,同时也是高投入的。厂家只有紧跟世界先进技术水平,在开发上大量投入,才能保证设备具有世界一流的技术水平;只有在市场、培训、服务上投入,才能保证设备在交换网运转良好,适应高质量通信网建设。

——摘自《对中国农话网与交换机产业的一点看法》,1994年6月

我们保证按销售额的10%拨付研发经费,有必要且可能时还将加大拨付的比例。

——摘自《华为基本法》,1998年3月

背景分析

华为从成立开始就主张在研发上大量投入,实现技术的适当领先。当华为通过代理香港公司生产的交换机掘到第一桶金后,任正非就毫不犹豫地把全部资金都投入新技术研发中,华为也因此获得了丰厚的回报。为了保证研发进展,华为在最艰苦的时候也没有缺省过研发经费,保证每年拿出不少于销售额的10%投入研发中,划拨给研发部门的经费,任正非要求一定要花完,花不完就要追究相关领导的责任,其目的是让研发部门真正发挥作用。在华为的人才结构中,研发人员所占的比重一直在40%左右,是华为公司人员最多的一个部门。

行动指南

没有投入就没有产出，在高科技行业，这是个浅显但很难实现的道理。

9月5日 技术只是一个工具

顾客价值观的演变趋势引导着我们的产品方向。我们的产品开发遵循在自主研发的基础上广泛开放合作的原则。在选择研究开发项目时，敢于打破常规，走别人没有走过的路。我们要善于利用有节制的混沌状态，寻求对未知领域研究的突破；要完善竞争性的理性选择程序，确保开发过程的成功。

——摘自《华为基本法》，1998年3月

技术在哪一个阶段是最有效、最有作用的呢？我们就要去看清客户的需求，客户需要什么我们就做什么。卖得出去的东西，或略抢先一点市场的产品，才是客户真正的技术需求。

通过对客户需求的分析，提出解决方案，以这些解决方案引导开发出低成本、高增值的产品。

为此，华为一再强调产品的发展路标是客户需求导向。以客户的需求为目标，以新的技术手段去实现客户的需求，技术只是一个工具。这使我们真正理解客户需求，把客户需求看作真理，然后在世界市场上得到很好的结果。当时我们认为，不发达国家一定会走这条道路的。今天，发达国家也在走这样的路。

——摘自《华为公司的核心价值观》，2010年5月

背景分析

吸取了很多公司的失败教训，华为认为，满足用户的需求才是技术的真正导向，也就是所有的研发都要贴合用户，帮助用户实现目标。华为的用户主要是电信运营商。

在 3G 时代，运营商从以网络建设为中心，向通过提供丰富增值业务提升每位用户平均收入（Average Revenue Per User，ARPU）为中心转型，并进一步向以客户为中心、关注客户的个性化偏好的阶段迈进。在这个阶段，运营商对计费方式提出了新的要求。华为召集以往研发计费领域各产品的优秀工程师，组成了多达千人的研发队伍，专职投入融合计费解决方案，在 BSS/OSS（业务支撑系统/运营支撑系统）领域，华为拥有专项产品线，通过近年来的发展、并购等方式迅速提升实力，已成为业界为数不多的，同时具备在线计费和离线计费两大领域产品的厂家。

华为融合计费方案继承了多年来在各增值业务领域，尤其是在实时计费和离线计费上的经验。从设计之初，就立足于下一代业务环境下的高起点、全视角，对于当前已经出现的和未来可能出现的各种计费模式和能力进行了深入的分析，可以针对任意基础网络、任意业务类型、任意最终客户提供适应性的计费运营能力。在融合与计费相关的国际标准中，华为公司承担了重要的组织工作，为融合计费的标准发展做出了重要贡献。

华为将融合计费看作是业务与软件整个产品线的核心解决方案之一，传统的主打产品智能网和 BOSS（业务运营支撑系统）后续都将统一向以 OCS（在线计费系统）为核心系统的融合计费解决方案演进，所有增值业务系统的未来发展也都将全面支持与融合计费解决方案的配套，从而进一步帮助运营商打造更加符合未来业务运营发展和竞争需要的杀手级应用环境。

根据咨询公司 OVUM 在 2005 年的统计，华为智能网的现网应用按用户数计算位居全球第一，占全球智能网总用户数的 21.3%。

移动互联网到来之后，华为升级为了万物互联战略，打造全球信息传递的无缝对接体系。目前，华为的产品和服务已覆盖全球 30 多亿人口，聚集了大批专家人才。

行动指南

只有高度满足用户需求，技术才有价值，才能为公司带来真正的收益。

9月6日 技术继承

公司所谓的巨大无形资产，实际是技术文档的一体化得到认同并开始贯彻。从面对未来到面对用户的研究目标的转移，市场意识已在产品研究实验中萌芽。多数研究人员都开始明白，不能继承的技术，在信息领域中是垃圾，继承和发展的主要基础是科学合理的文档管理。公司也准备投巨资引进文档管理系统，建立一个科学的、有效的，而不是保管性的文件体系。

——摘自《自强不息，荣辱与共，促进管理的进步》，1997 年 7 月

公司近些年发展迅猛，除了万门机进入世界一流水平，大量投产开局外，还在进行处理能力极强、中继容量数万门的智能网的 SSCP 点的研究。一旦成功，将担负起中心城市各种新业务的汇接。

——摘自《从二则空难事故看员工培训的重要性》，1994 年 12 月

背景分析

牛顿曾经说过："如果说我看得更远的话，那只是因为我站在巨人的肩膀上。"托尔斯泰则说："正确的道路是这样——吸取你的前辈所做的一切，然后再往前走。"

两位伟人都强调了一个概念——继承性。在科学技术中，继承性是最基本的要求。科学的继承性，要求进行任何科学研究工作，都必须掌握有关的资料和情报，总结前人的知识与经验，了解其发展过程，特别是掌握目前国际上的发展情况，以免重复别人已经做过的工作，如果科学研究不能够被继承，那么就会造成人力、物力上的重复和巨大浪费。

华为曾经遇到过这样的事情——有某些厂家的设备，由于在设计中没有充分考虑可扩充性，导致该设备成为"孤岛"，无法与后来的设备融合，无法更新，这样的设备除了报废，没有别的办法，这显然造成了大量浪费。

在华为内部也一样，由于很多技术的研发平台都是一样的，如果各项技术的研发过程没有充分沟通，没有做到资源共享，就很容易造成资源浪费。因此，任正非要求

华为尽快建立起功能强大的资料搜集平台，及时保存各种研发资料，更新各种信息。在技术研发中，要充分考虑到该技术的可延续性以及可扩充性，以免该技术成为没有什么发展潜力的技术。

行动指南

充分考虑技术的可继承性，不仅仅是科学的研发方式，更是负责的态度。

9月8日 敢于领导世界

我们要调整格局，优质资源向优质客户倾斜，可以在少量国家、少量客户群中开始走这一步，这样我们就绑定一两家强的，共筑能力。在这个英雄辈出的时代，一定要敢于领导世界。

——摘自《在华为战略务虚会上的讲话》，2014年11月

背景分析

敢于领导世界是说要勇于承担指引技术发展方向、探寻未来发展路径的责任，愿意为此进行巨大投入，并坦然面对不确定性对公司未来经营带来的巨大风险。

2014年是华为的"登顶"之年。这一年里，在被各家视为"命脉"的运营商业务领域，华为首次实现了对于行业领头羊爱立信的超越，终于成为了世界最大的电信设备制造商。这一年，华为运营商业务营收310亿美元，增速16.4%，而同行业对手爱立信的增速为0.3%，营收293亿美元。第三名的阿尔卡特·朗讯和第四名的诺基亚，两家营收合计还不如华为一家！

在这一年11月召开的内部战略务虚会上，任正非第一次喊出了心底的话："我们公司就像赛跑冠军一样，终于跑到世界的边缘线上。大江大河、大海大浪，信息的洪流即将起来了，我们有乘风破浪的机会，要有勇气搏击这个世界。"

这个讲话表明，在带领华为进行了艰苦卓绝的 28 年的奋斗之后，任正非吹响了华为未来发展的集结号！

这段话体现了华为勇于承担领导责任的无畏精神，即使有各种羁绊，即使面临各种困难，华为还是要勇敢前行，挑战传统的领导者。

成为领导者，是华为靠自己的实力提升的结果，更是这个时代赋予华为的责任与使命。

华为成立的 2012 实验室，其中一项重要职责就是进行技术前沿的研究；华为还在世界范围内与大量科学家广泛合作，资助他们进行技术路径的探索，但不会占有他们的研究成果，只是需要知道他们的理论与假设是否可行。这种探索是开放性的，更广泛的意义是为人类探寻 IT 与通信技术发展路径的可行性。

行动指南

既然被历史推到了领导地位，就不用瞻前顾后、畏缩不前，而是勇敢地承担起这一历史重任。

9月10日 从已经成功的人类文明中汲取经验

8 年前我们用 400 万美元，收购了一家美国濒于崩溃的小公司，从而使我们在长距离光传输上的技术迅速成为世界第一。从这个例子我们可以看到，要努力去吸收已经成功的人类文明，不要过分狭隘地自主创新，那样会减缓我们的速度。

——摘自《网络产品线奋斗大会上的讲话纪要》，2008 年 6 月

背景分析

《华为基本法》第一章第三条规定：广泛吸收世界电子信息领域的最新研究成果，虚心向国内外优秀企业学习，在独立自主的基础上，开放合作地发展领先的核心技术

体系，用我们卓越的产品自立于世界通信列强之林。

任正非一直强调，华为的研发应该多吸收别人的一些先进成果。前人通过不断的试错，走了那么多弯路才认识到的真理，自己不去利用，却要去重新实践，浪费了自己宝贵的青春年华！因此，要站在巨人的肩膀上，站在世界发达国家先进公司已经获得的成功的经验、失败的教训的基础上前进，这样就使自己少走了许多弯路。华为提出了在新产品开发中，要尽量引用公司已拥有的成熟技术，以及可向社会采购的技术，如果利用率低于70%，新开发量高于30%，就不仅不叫创新，而是浪费，就只会提高开发成本，增加产品的不稳定性。

| 行动指南 |

古人有云，"他山之石，可以攻玉"，只有站在巨人的肩膀上，才能成为巨人，才能看得更高、更远。站在巨人的肩膀上，我们可以省却更多的时间，可以更快地接近成功，取得巨大进步。

9月12日 技术之外

要保证交换设备在网上高质量运行，不仅设备要好，同时还包括了技术培训、技术服务、安装、维护维修、备件供应等各方面因素。发展集团化，走合作化发展的道路，提高交换设备的综合质量水平，更好地对交换机的售后服务提供完善的保证。

——摘自《对中国农话网与交换机产业的一点看法》，1994年6月

| 背景分析 |

1994年，华为自推出C&C08程控交换机之后，好评如潮。但任正非认为，除了产品的设备要好之外，技术方面的完善也很重要，其中包括技术培训和技术服务。技术培训是指技术人员为了获得专业的知识和技术必须接受的培训。在华为，公司非常重

视技术培训，如今，华为公司已经推出《华为技术培训手册》，由于技术是不断更新的，员工也需要得到相应的培训才能与时俱进，华为为此每年都要进行大量的技术培训。此外，华为还培养了一支能够快速响应客户需求的服务队伍。

行动指南

产品本身的技术含量很重要，产品安装后，后期的技术支持也非常重要。

9月14日 工程师要多一些商人的味道

我希望大家不仅仅做工程师，要做商人，多一些商人的味道。这个世界需要的不一定是多么先进的技术，而是真正满足客户需求的产品和服务，而且客户需求中大多是最简单的功能。

——摘自《在PSST体系干部大会上的讲话》，2010年5月

背景分析

在2010年PSST（研发）体系干部大会上，任正非提倡研发要从"以技术为中心"向"以客户为中心"转移，研发人员要做工程商人。

任正非指出研发体系的一个弊病：研发体系大多数人都是工程师，渴望把技术做得很好，认为把技术做好才能体现自己的价值。任正非希望研发人员能改变思维方式，要做工程商人，工作中思维方式不局限于工程师的行为准则，要多一些商人的味道。

"简简单单地把东西做好，在研发中也许评价是不高的，而把事情做得复杂，显得难度很大，得到的评价反而很高。简单的东西大家不喜欢，这就是因为做事的出发点是以技术为导向，而不是以客户需求为导向的。"任正非不赞同这种做法，他认为这就不是以客户为中心，要想技术做得好就必须实现客户的需要，毕竟主宰市场的是客户需求。

行动指南

工程师要有商人的味道,就是指工程师开发产品,不能只顾技术,而不顾客户的需求。工程师要以商人之心,把客户放在首位,从客户的需求出发,应用能满足客户需求的技术来开发产品,而不是一味地追求客户用不着的超前技术。

企业生产的目标是生产顾客想要的产品,企业要遵守"顾客需要什么样的产品和质量,我们就生产什么样的产品和质量"的规律,站在客户立场去思考、去发现问题,并在此基础上设计出适合客户的产品。

9月16日 研究队伍

我们在市场上还存在非常多的困难,但可喜的是,我们的研究队伍一天一天成熟起来。世界许多著名公司看到他们这么年轻,就已进入了当代信息科学的前沿,10年之后不好估量,谁能说一大批中国土博士不能成为世界英才?今年(1997年)我们的研究、中试经费将达到4亿元,无论是装备还是规模上都从土枪土炮时代开始上升。我们组建一年的中试系统已经开始走上正轨,一批"宽频带、高振幅"的工程专家正在成长,我们推出的新产品,已不像过去那样需要去救火,而且在工艺研究水平、容差设计水平方面,已开始接近国际水平。

——摘自《不要忘记英雄》,1997年1月

我们的产品研究队伍,从中研到中试、从北研到上研、从信息到电源,是如此的年轻,生机蓬勃。他们包袱最少,敢想敢为,在较短的时间内,把产品的水平提高到国际先进水平。但是,年轻也是我们最严重的缺陷,好奇心代替了成熟;重视成果,轻视文档,特别是轻视状态文档(生产指导文件、检验文件、用户指导书、培训教材、故障处理路标……),这种状况十分严重。重视技术、功能的开发,轻视产品的可生产性、稳定性和可靠性,轻视默默无闻的劳动;面向客户还是面向未来,在价值评价体系上还未根本解决……

——摘自《狭路相逢勇者生》,1998年3月

背景分析

1988年华为成立时，员工仅有14人，几乎全都从事研发。2007年，华为员工已经发展到50000多人，其中，研发人员在员工总人数中的比例超过40%。为了争取和储备研发人才，1998年，华为曾与中兴通信在清华大学展开了惊心动魄的人才争夺战。虽然在外界看来，过度的人力招聘导致华为内部存在某种程度的"人才浪费"，但华为高层认为，大量招募高素质人才，尤其是有潜力的技术研发人员，是华为长足发展的基础。近年来，华为面向全球招募了大批国际顶尖的技术研发人才，不少是从思科、甲骨文等国际知名公司跳槽过去的。华为的研发团队日趋国际化，日趋与国际同步。

华为的技术人员普遍比较年轻，年轻人有冲劲、有潜力，但任正非也强调，队伍的年轻是华为的优势也是劣势，年轻人容易犯错误。因此，要扬长避短，发挥年轻人的最大潜能。

行动指南

新技术、新产品的研发离不开一支优秀的研发队伍，培养和利用研发人才是企业的重中之重。研究队伍还要注意一体化，虽然企业分为不同的职能部门，但部门之间的信息沟通非常重要，研发不能孤立，要与其他环节密切合作。

9月18日 把握核心技术

我国引进了很多工业，为什么没有形成自己的产业呢？关键核心技术不在自己手里。掌握核心，开放周边，使企业既能快速成长，又不受制于人。

——摘自《华为的红旗到底能打多久》，1998年8月

华为将作为世界大传输厂商角逐于世界市场，为什么？传输的芯片是我们自己开

发的,使用的是 0.35 微米(芯片)的技术,而且功能设计比较先进。可以肯定,在 2.5G 以下,我们做得比国外的好。

——摘自《华为公司的核心价值观》,2010 年 5 月

背景分析

中国家电制造企业的行业平均利润率仅有 6% 左右,因为大部分家电企业的核心技术仍旧掌握在国际领先公司的手里,比如 DVD,中国企业必须支付高额的专利使用费。在这种情况下,中国企业只能赚取一点儿辛苦钱,大部分利润都被掌握核心技术的国外公司攫取了。因此,拥有核心技术是很多企业做自主研发的目标。华为对核心技术的研发非常重视,投入巨大,已经有了很多突破。华为独创的 SDH 接口技术,使程控交换机的性能大大提升,为客户节省了大量工程费用;华为自行设计专用 ASIC 芯片成本仅仅 10 多美元,而原先从国外购买需 200 美元。这些成绩的取得让任正非一度非常自豪。

行动指南

核心技术是企业的核心竞争力之一。

9月20日 购买部分技术

高端的 DWDM(密集波分复用技术,一种光纤数据传输技术),我们处在世界先进或领先位置。我们的光传输技术在 4600 多千米长的距离中间不需要电中继,世界最长的一个光环网也是我们公司提供的,在俄罗斯,18000 千米,其实这个技术是我们从美国花了 400 万美元买来的。

在泡沫经济破灭后,西方一些公司破产时,很多新技术舍不得丢掉,它们不希望自己的发明烟消云散,希望后人能够接着研究成功,我们参加拍卖,用投资者原投

资不到 1% 的价格买到这些技术。我们想说明的是，技术并不像有些人认为的那样是万能的，而客户资源才是十分重要的。我们认为市场最重要，只要我们顺应了客户需求，就会成功。如果没有资源和市场，自己说得再好也是没有用的。因此，为客户服务是华为存在的唯一理由，这要发自几万员工的内心，落实在行动上，而不只是一句口号。

——摘自《华为公司的核心价值观》，2010 年 5 月

背景分析

技术拿来主义是任正非的一贯主张，通过低成本收购，迅速掌握某项技术，是华为突破技术瓶颈，迅速实现技术积累的重要手段。前几年，在全球高科技产业低迷的时候，华为在美国进行了一系列小规模收购：2002 年年初，华为收购了光通信厂商 OptiMigh，加强了在光传输领域的技术实力；2003 年年中，收购了网络处理器厂商 Cognigine，加强了其在交换机和路由器核心处理器方面的能力。2004 年 5 月，华为以 1000 万元的价格收购了宏智科技在湖北、青海的 BOSS 项目及湖北、青海、新疆的 BI 项目的合同权利和相关知识产权，这些合同主要是宏智科技与中国移动签订的软件服务合同。该次收购弥补了华为在这个领域的技术空白。

行动指南

花小钱、办大事是技术性收购的一大原则。

9月21日 思想上的艰苦奋斗

研发的艰苦奋斗，不是说非要去到艰苦地区才算，而是踏踏实实做好本职工作，强调思想上的艰苦奋斗。

——摘自《在 PSST 体系干部大会上的讲话》，2010 年 5 月

背景分析

对于研发人员来说，艰苦奋斗不一定要去上甘岭。做好具体的本职工作，为客户提供优质的服务，就是艰苦奋斗。

任正非在谈到研发的艰苦奋斗时，说道："上甘岭最大的困难不就是没水喝吗，如果研发非要去'上甘岭'，那你就在办公室里逼着自己一两天不喝水，不也就是在上甘岭了吗！研发的艰苦奋斗，不是说非要去到艰苦地区才算，而是踏踏实实做好本职工作，强调思想上的艰苦奋斗。我希望你们不断地提升工作质量，更多地从全局出发，去考虑产品的可销售性、可安装性、可维护性等，我们在很多方面有很大的进步，但我们在系统性和管理上还需要再提高，我们要不断思考，能改进吗？还能再改进吗？这就是艰苦奋斗。"

行动指南

技术是企业的第一生产力，生产力的提高离不开研发人员的艰苦奋斗。这种艰苦奋斗更多是指思想上的反骄破满、保持进取、不甘落后等。

9月22日 云计算将改变整个信息产业

云计算是一种新的技术，它像 IP 技术一样，可以用在任何信息传播需要的地方。如同 IP 改变了整个通信产业一样，云计算也将改变整个信息产业。未来信息的广阔包容，覆盖天涯，蓬勃发展，风起云涌……

——摘自《五彩云霞飞遍天涯》，2010 年 11 月

背景分析

2010 年 11 月，华为正式面向全球发布云计算战略及端到端的解决方案。

2011年10月，华为举行以"开放合作，化云为雨"为主题的"2011华为云计算大会暨合作伙伴大会"，宣布成立IT产品线，加大云计算布局，并明确了华为云计算三大战略：大平台、促进业务和应用的云化、开放共赢。

2018年，华为首次系统地宣布了五大AI战略和全场景的AI解决方案，提出了AI落地的三种典型场景：海量重复场景、专家经验场景和多域协同场景。2019年，华为云提出跨越行业AI商用裂谷的四个关键要素：明确定义商业场景、触手可及的充沛算力、持续进化的AI服务以及组织与人才的适配。

2020年，华为云提出，AI如果要创造价值必须要进入企业的核心业务系统。2020年9月24日，华为云发布业界首个全生命周期知识计算解决方案，赋能企业打造知识计算平台，实现AI与行业知识高效结合，推动AI进入核心业务系统，最终实现"提质降本增效、加速智能化升级"目标。

行动指南

每一个趋势性新技术都是发展机会，它都会给人类文明带来巨大的推动作用。抓住未来发展的趋势，就等于是抓住了企业的未来。

9月23日 鲜花插在牛粪上

华为长期坚持的战略（技术战略），是基于"鲜花插在牛粪上"战略，从不离开传统去盲目创新，而是基于原有的存在去开放、去创新。鲜花长好后，又转化为新的牛粪，我们永远于存在的基础上去创新。

——摘自《五彩云霞飞遍天涯》，2010年11月

背景分析

华为的技术研发从不离开传统去盲目创新，而是基于原有的存在去开放、去创新。

在云平台的前进过程中，华为还是强调"鲜花要插在牛粪上"，绑定电信运营商去创新，否则华为的云就不能生存。华为首先是基于电信运营商需求来做云平台、云应用。这与其他厂家从 IT 走入云有所不同。任正非相信，只要是华为做的云，电信运营商马上就可以使用，就容易促成它的成熟。

行动指南

现在很多企业都在呼唤创新，似乎不提创新，就是落后。其实，创新不能盲目和过度，否就都会给企业造成灾难性的影响。企业对创新必须有基本的认识，要知道什么需要创新，什么不需要创新。基于现有的基础去创新，是最为保险的创新。

9月24日 预研的作用

没有基础技术研究的深度，就没有系统集成的高水准；没有市场和系统集成的牵引，基础技术研究就会偏离正确的方向。

我们一定要搞基础研究，不搞基础研究，就不可能创造机会、引导消费。我们的基础研究是通过与国内大学建立联合实验室来实施的。我们的预研部，只有在基础研究出现转化为商品的机会时，才会大规模扑上去。

——摘自《华为的红旗到底能打多久》，1998 年 8 月

我们要建立互相平行、符合大公司战略的三大研究系统，即产品发展战略规划研究系统、产品研究开发系统，以及产品中间实验系统。随着公司的发展，我们还会在国内外具有人才和资源优势的地区，建立分支研究机构。在相关的基础技术领域中，不断地按"窄频带、高振幅"的要求，培养一批基础技术尖子。在产品开发方面，培养一批跨领域的系统集成带头人，把基础技术研究作为研究开发人员循环流程的一个环节。没有基础技术研究的深度，就没有系统集成的高水准；没有市场和系统集成的牵引，基础技术研究就会偏离正确的方向。

——摘自《华为基本法》，1998 年 3 月

背景分析

1945年7月,美国科学研究发展局(OSRD)局长V.布什在向罗斯福总统提交的题为《科学:永无止境的前沿》的研究报告中说:"(基础研究)并不考虑实用目的,它产生的是普遍的知识和对自然及其规律的理解。这种普遍的知识提供了解答大量重要实用问题的方法,但是它不能给出任何一个问题的完全具体的答案。提供这种圆满答案是应用研究的职责。"美国国家科学基金会也有类似的认识,指出基础研究是"发展科学知识的独创性研究……它没有直接的商业目的"。

作为一家以盈利为主要目标的商业组织,任正非为什么要求华为做不以商业为目的的基础研究呢?因为在基础研究上的地位,决定了一家企业是否可以抢占技术制高点。只有在基础研究上取得重大突破,才能真正引领技术潮流。作为有志于成为世界领先的电信设备制造企业的华为,必须要在基础研究上有所作为。但是,基础研究的投入是巨大的,风险是难以预测的,只有在具备了足够的实力后,才有能力和精力进行研究。

华为学习和借鉴美国贝尔实验室在高校建立实验室的方式,积极与国内外各大高校合作,在高校里建立联合实验室,以加大对基础技术研究的投入,分散风险。

行动指南

应用性研究解决公司生存问题,基础性研究解决企业长远发展问题。

9月25日 因势利导才能带来好运

电子信息产业未来发展的关键在于网络空间技术,这是继地理空间之后新的战略领地,所不同的是,网络空间的竞争,不可能采用占领的方式形成封闭的领地,开放是网络的根本。我们要利用信息的有用度来造福人类,要用正确积极的态度面对信息的泛滥,而不要一味视之为洪水猛兽。

——摘自《在俄罗斯圣彼得堡国际经济论坛的主题发言》,2012年6月

背景分析

2012年6月22日，任正非在俄罗斯圣彼得堡国际经济论坛上进行了主题发言，强调华为将利用信息的有用度来造福人类，和行业一起直面信息安全的挑战。

在网络方面，华为早在2009年就预言未来的10年，网络流量将会增长75倍，移动宽带的流量将会增长2000倍。华为认为发展电信业的关键在于创建足够宽的数据管道用以管理大量的数据。

任正非把汹涌而至的信息洪流比作伏尔加河的河水，他表示："我们的任务是建立比伏尔加河还要粗的信息管道，以至比太平洋还粗的管道，来疏通人们的交流与传输。信息的特质就是开放，我们只能因势利导，物尽其用。在信息泛滥速度远超过防卫技术进步速度时，整个行业都面临如何保障信息安全的难题。网络安全是整个行业共同性的问题，我们要积极地共同面对。"

行动指南

企业的社会责任感表现在对消费者、对环境、对社会的贡献上面。科学技术是推动人类社会不断进步的重要力量，利用技术来造福人类，就是企业承担社会责任的最大表现。

9月26日 技术靠管理和服务保障

美国可以在产品技术得以突破之后，高举产品的大旗，招聘各国有工作经验的人才，打遍全世界，而华为公司取得产品技术突破之后，不仅不能打遍全世界，而且在家门口也未必有优势。我们作为小公司，也可能会有世界级的发明、超时代的发明，但这个发明一旦被西方大公司察觉之后，它们在很短时间内完全可能做出超过我们很多的产品，当它们的产品覆盖全世界时，我们的产品就不可能卖出去了。

因此，现在华为公司决心构筑管理与服务的进步，当我们一旦出现新的机会点时，抓住它，我们就可能成长为巨人。现在是有机会也抓不住，最多在中国非主流市场上打一个小胜仗，大量的国际市场让给了西方公司。因此，我们新技术的出现往往不能给我们带来巨大的利益，而这个巨大利益怎样产生呢？那就是优良的管理和良好的服务。

——摘自《华为的红旗到底能打多久》，1998年8月

背景分析

作为高科技产品供应商，华为始终坚持产品技术的突破。但是，任正非也强调从用户角度考虑的原则，而不是单纯追求技术的先进性。他说，同西方大公司相比，中国企业在技术上是没有优势的。如2006年华为的年销售额是600多亿元人民币，而IBM公司则达到了500多亿美元。华为与国外企业的差距不是一两天可以消除的。因此，任正非认为，华为要弥补与西方大公司的差距，除了在技术上不断革新之外，还要向管理拿效益，还要进一步建立完善服务体系。为此，华为积极向西方大公司学习。1999年，华为巨资引进IBM的研发全流程体系，把以前由研发部门独立完成的产品研发变成研发、市场、用户服务等全流程的团队运作。在服务方面，华为一直以虔诚地为客户服务为原则，以客户的满意度为宗旨，并在国内外建立大量的服务机构。

行动指南

技术是企业扬名立万的资本，但只有管理和服务到位了，技术优势才能真正发挥。

9月28日 以市场为中心

推动技术进步的市场需求已经启动，世界近50年来，人民生活有了较大的改善，人们从温饱开始寻求知识、信息、文化等方面的享受，从而使电子技术得以迅猛发展。得到巨额利润润滑的信息产业，以更大的投入引导人们走向新的消费。这种流动

使所有产业都得到润滑，促进了发展。

——摘自《我们向美国人民学习什么》，1997年12月

要改革一切不合理的流程，使重复性的管理制度化、操作简单化、重复的劳动自动化。在有效受控的条件下简化流程。要以市场为中心，科研要与市场、服务相结合。

——摘自《加强合作 走向世界》，1996年5月

背景分析

一方面，技术与市场是互相促进的，比如电灯技术的发明，催生了一个庞大的照明产业，而该产业的每次重大技术进步，都使得该产业的市场规模进一步扩大；而在另一方面，市场的成熟也会催生新产品、新技术的诞生。比如，2007年8月，联想宣布推出价格覆盖1499~2999元的系列农村电脑新品，就是针对广大农村地区的消费者的，戴尔等公司则推出了专门针对学生群体的学生电脑。

任正非所说的信息产业也是如此，人们对信息需求的爆炸式增长，对信息沟通便利性的追求，促成了信息产业的发达。而信息产业的突飞猛进又反过来促进了信息产品消费的不断升级。

从某种程度上说，技术的演进与市场的发展是紧密联系的，很难分出先后。但是，任正非认为，作为一个企业，其科研要与市场、服务相结合，不能脱离市场需求，不能脱离企业所能提供的服务的水平。任正非的话有两层意思：第一，当某种产品已经在市场上取得了成功，如果还一味地去模仿开发同类的产品，当自己研发成功时，市场很可能已经饱和，或者这种产品已经被淘汰，这就是研发没有跟上市场变化；第二，科研也不能太超前，否则也无法被客户和消费者接受，导致资源浪费。只有那些刚好适合消费者需求的产品，才能在市场上取得巨大成功。

要想做到产品符合市场需求，研发人员就要准确判断市场的发展方向，深入市场调查研究。同时，在任正非看来，在技术领域，中国企业是很难超过国外先进企业的，唯有不断地改善服务态度、完善客户服务体系，公司才能继续生存和发展。

行动指南

虽然市场与技术关系密切，可以互动，但是如何做到良性互动，将考验企业领导人的智慧。

9月30日 机会、人、技术、市场四者的关系

落后者的名言是抓住机会，而发达国家则是创造机会，引导消费。机会是由人去实现的，人实现机会必须有个工具，这就是技术，技术创造出产品，产品打开了市场，这又重新创造了机会，这是一个螺旋上升的循环。这四个因素中，最重要的还是人。国家和国家的竞争，实质是大企业之间的竞争。经济的竞争体现的是技术的竞争，技术优势的产生是由教育基础构成的。

——摘自《华为的红旗到底能打多久》，1998年8月

背景分析

技术的竞争说到底是人才的竞争。与众多借助外来研发成果的中国企业不同，华为走过了孤独而漫长的技术研发苦旅，因此华为对研发人才尤为重视。华为能在核心技术上有所突破，关键在人才。华为认为："机会牵引人才，人才牵引技术，技术牵引产品，产品牵引更多、更大的机会……"这或许就是华为成功的线路图。

行动指南

人才是新技术产生的决定条件，与其说企业重视新技术开发，不如说是重视技术人才的培养。

10月

干部：领导只从基层来

10月1日 了解下属

思想不经磨炼，就容易钝化。那种善于动脑筋的人，就越来越聪明。他们也许以身尝试，惹些小毛病，各级领导要区分他们是为了改进工作而惹的问题呢，还是责任心不强而犯下的错误。是前者，你们要手下留情。我们要鼓励员工去改进工作。

——摘自《反骄破满，在思想上艰苦奋斗》，1996年5月

> **背景分析**

一个了解自己士兵的将军才能带领军队打胜仗，一个了解自己学生的老师才能上好课，一个了解自己球员的教练才能带领队伍赢得球赛。同样，一个了解自己员工的领导才能带领企业获得成功。在华为，市场部、研发部以及服务部等，各个部门领导都管理着一大批员工。作为部门领导，要对员工的行为做出正确的判断，就要和员工进行更多的沟通，更多地了解员工的想法，尽量做到既不姑息养奸，又不错怪好人。任正非曾经说过，华为最大的优势和劣势都是年轻人多，年轻人不怕失败、有冲劲，

是华为的希望，同时，年轻人也容易冲动、易犯错误。因此，任正非提醒公司各级领导人，要严格把关，正确引导下属的行为，鼓励下属改进。

行动指南

没有好下属，再能干的领导，也很难发挥作用。

10月2日 绝不提倡又凶又恶的干部作风

我们的企业文化，绝不是让各级干部又凶又恶，我们也不支持把这些人选拔进各级管理团队。

——摘自《逐步加深理解"以客户为中心，以奋斗者为本"的企业文化——在市场部年中大会的讲话》，2008年7月

背景分析

任正非希望，华为的管理文化是给大家提供了一个交流的精髓，提供了一个合作的向心力，提供了一种人际相处的价值观，这种价值观需要人们心悦诚服。

任正非对又凶又恶的干部作风做出了批评："又凶又恶是能力不足的表现，这种干部是靠威严来撑住自己的软弱，破坏了华为文化的形象，这种人不是真有本事，我们要及时更换。我们强调奋斗，并不是逼迫员工，员工只需要在法律的框架下，尽职尽责工作就行。我们是用选拔干部的标准，来牵引组织进步，达不到这种标准，甚至不愿达到这种标准的人可以做普通员工。他们是否可以持续在这个岗位的判别条件，是他们的贡献是否大于成本。"

行动指南

《孟子·公孙丑上》中有这样一句话:"以力服人者,非心服也,力不赡也。以德服人者,中心悦而诚服也。"企业的管理者,不是靠专横强权使员工折服,而是要以良好的德行使员工归顺、信服。

10月3日 领导要从基层来

公司永远不会提拔一个没有基层经验的人做高级领导工作。遵循循序渐进的原则,每一个环节对您的人生都有巨大的意义。您要十分认真地去对待现在手中的任何一件工作,积累您的经验。要尊重您的现行领导,尽管您也有能力,甚至能力更强。否则将来您的部下也不会尊您。要有系统、有分析地提出您的建议,您是一个文化人,草率的提议,对您是不负责任,也浪费了别人的时间。特别是新来的,不要下车伊始,哇啦哇啦。要深入地分析,找出一个环节的问题,找到解决的办法,踏踏实实、一点一点地去做。不要哗众取宠。

——摘自《致新员工书》,1994年9月

我们还有个政策:凡是没有基层管理经验,没有当过工人的,没有当过基层秘书和普通业务员的一律不能提拔为干部,哪怕是博士也不能。你的学历再高,如果你没有这些实践经历,公司就会对你"横挑鼻子竖挑眼",你不可能蒙混过关。因此,"从实践中选拔干部"和"小改进,大奖励"是两个相吻合的政策。我很害怕我们这个公司的上层中有人头脑发热,最后导致这个公司的生命走向终结。

——摘自《在实践中培养和选拔干部》,2006年3月

背景分析

在现代文明社会,人尽其才、物尽其用的最好方式莫过于"公开、公平、公正"原

则的普及。公开要求有充分的透明度,公平要以平等为原则,公正则要求不包庇、不偏袒。在华为看来,全体员工无论职位高低,在人格上都是平等的。公开、公平和公正,是保障公司干部管理体系正常运行的必要条件。为此,华为内部一些重要政策与制度的制定,均要充分征求员工意见,并进行充分协商,抑侥幸,明褒贬,提高制度执行上的透明度,从根本上否定无政府、无组织、无纪律的个人主义行为。在这种体制下,每个员工都有可能、有机会成为管理层中的一员。

行动指南

公开、公平、公正是培养优秀人才,造就令人信服的管理队伍的前提。

10月4日 管理改进反对完美主义

在管理上,我不是一个激进主义者,而是一个改良主义者,主张不断地推动管理进步。华为管理改进是分步进行的,不能追求完美主义。

——摘自《活下去是企业的硬道理》,2008年

背景分析

华为的管理水平在国内企业界目前是非常领先的,在很多人看来,华为的管理甚至是非常完美的。

华为的管理水平高,这是事实,但华为的管理距离完美还有很大的差距,重要的是,任正非从来就是反对完美主义的,他一直强调,管理的改进要循序渐进,反对完美主义。

完美主义在这里的意思,就是不顾事物发展具有阶段性的客观事实,过于注重细枝末节而忽视了主要部分。因为完美从来就是一个理论观点,是一个可望而难及的状态。一步到位难度非常大,甚至是不可能的,分步完善才是正确的选择。我们承认不

完美的状态是常态，就是承认管理要分步骤完善，就是要接受过程中的不完美。

华为专门对什么是企业的核心竞争力，什么是企业的创新和创业进行过研讨。结论是，创业是一个永恒的过程，创新也是一个永恒的过程，核心竞争力则是一个不断提升的过程。这就意味着，创新是一个持续的过程，不可能一步到位。

所以说，华为并不排斥变革，而且认为变革是发展的必然，但对于跨度非常大的跃进式变革，华为非常慎重，尤其是在发展初期，华为非常反对一步到位，反对完美主义。

行动指南

天下没有完美的人，也没有完美的管理。承认不完美并不断改进才是正道。

10月5日 选人公开、公平、公正

我们开始公开招考基层干部。公开、公平、公正地向所有员工提供机会，使具有敬业精神、高度责任心、理论水平高的人，有了更多的机会。对所竞投的职位岗位责任明确，对所辖工作有策划的员工提供均等的机会。逐渐从基层向中层、高层引入职务竞投机制。我们在选拔干部中要理论与实践相结合，真正造就一代新人。华为的用人政策就是要鼓励优秀员工在公司尽快找到发挥专长的平台，吸收一批批优秀青年奔向华为。通过组织落实来推进新一轮的管理进步，这样我们就可继续生存下去。

——摘自《再论反骄破满，在思想上艰苦奋斗》，1996年6月

共同的价值观是我们对员工做出公平评价的准则；对每个员工提出明确的挑战性目标与任务，是我们对员工的绩效改进做出公正评价的依据；员工在完成本职工作中表现出的能力和潜力，是比学历更重要的评价能力的公正标准。

华为奉行效率优先、兼顾公平的原则。我们鼓励每个员工在真诚合作与责任承诺的基础上，展开竞争，并为员工的发展提供公平的机会与条件。每个员工应依靠自身

的努力与才干，争取公司提供的机会，依靠工作和自学提高自身的素质与能力，依靠创造性地完成和改进本职工作满足自己的成就愿望。我们从根本上否定评价与价值分配上的短视、攀比与平均主义。

——摘自《华为基本法》，1998年3月

背景分析

在2007年8月用友管理大会上，柳传志曾经总结过中国品牌国际化的两条路：一条路是自己做品牌，到海外设厂，开分公司，这条路的代表是海尔；而另一条是联想选择的并购整合的路。不过，并购整合这条路也存在巨大的风险，至少TCL和明基都曾遇到过不同程度的问题。联想所在的PC领域，曾多次发生并购事件，但不论是三星并购AST，还是惠普并购康柏，最终都没能取得预想的效果。

行动指南

选择适合自己的路。

10月6日 领导人的水平就是合适的灰度

一个领导人重要的素质是方向、节奏。他的水平就是合适的灰度……我们的各级管理人员真正领悟了妥协的艺术，学会了宽容，保持开放的心态，就会真正达到灰度的境界。

——摘自《在全球市场工作会议上的讲话》，2009年1月

背景分析

"灰度"的概念是来自对待事物和管理的"非白即黑"的思维模式。"灰度"不仅是

针对华为未来发展的战略，也是强调一个管理者应该具备的素质。

任正非推崇的管理核心是：不是采用"非此即彼"的思维方式，而是要有"灰度"。员工在组织中的合作不是"征服与被征服"的关系，而是一种平等的关系，合适的灰度，能体现出管理者的治理实力。

纵观中国历史上的变法，虽然对中国社会进步产生了不灭的影响，但大多没有达到变革者的理想。任正非分析其原因是：面对所处的时代环境，他们的变革太激进、太僵化，冲破阻力的方法太苛刻；如果他们用较长时间来实践，而不是太急迫、太全面，收效也许会好一些，这其实就是缺少灰度。任正非以史为鉴，在移植西方的管理理论时，还融汇中国传统的管理理念，提出了"灰度管理"。

行动指南

管理者的"灰度"，是指对各方意见、态度、行为方式的综合，是在坚持大方向、大原则不变的前提下，对其他各方意见、行为的妥协，对不同意见、不同工作风格、不同个人习惯做到兼容并包。

10月8日 宽容是领导者的成功之道

人与人的差异是客观存在的，所谓宽容，本质就是容忍人与人之间的差异。不同性格、不同特长、不同偏好的人能否凝聚在组织目标和愿景的旗帜下，靠的就是管理者的宽容。

——摘自《管理的灰度》，2009年1月

背景分析

在《管理的灰度》这篇文章中，任正非是这样理解管理的宽容的，任何工作，无非涉及了两个方面：一是同物打交道，二是同人打交道。不宽容，不影响同物打交道。一个科学家,性格怪僻,但他的工作只是一个人在实验室里同仪器打交道,那么,不宽容无伤大雅。一个车间里的员工,只是同机器打交道,那么,即使他同所有人都合不来,也不妨碍他施展技艺制造出精美的产品。但是,任何管理者,都必须同人打交道。有人把管理定义为"通过别人做好工作的技能"。一旦同人打交道,宽容的重要性立即就会显示出来。只有宽容才能团结大多数人追随领导一起共同进退。

行动指南

管理者的宽容,在于能容人之过、容人之短,更能容人之长、容人之功。"海纳百川,有容乃大",是成功管理者的气度和胸怀。宽容不等于纵容,也不是软弱,而是管理的艺术和无声的教育。

10月9日 干部正规化

在战争硝烟还未散去,在我们的干部还在崇尚领兵作战的今天,我们就开始进行干部的正规化训练,是十分艰难的转移。不这样抓管理建设,我们就会贻误将来出现的大好时机,而成为"好龙"的"叶公"。这种崇尚领兵作战的风气,在各个系统、各个方面都有。我们要寻找一批真正认识管理的内涵和永恒的管理主题的志士仁人,早一些学管理,早一些主动。

——摘自《不要忘记英雄》,1997年1月

背景分析

随着经济的发展,中国企业在技术、设备方面已经大大缩小了与西方大企业的差距,但在管理体系上,中国企业与西方成熟企业相比还有很大的差距,这种差距在很大程度上是由干部缺乏正规化训练导致的。大多数中国企业,尤其是中国民营企业,其成功很大程度上带有英雄主义和个人主义色彩,往往会陷入"一人兴则企业兴,一人

亡则企业亡"的怪圈。因此，干部的正规化训练与培养是中国企业走向现代化的必由之路。由于公司的业绩不断增长，国际化步伐也在加快，华为面临的竞争和挑战也越来越大，在这种情况下，干部正规化训练就成为当务之急。为了使公司干部由"野战军"转变成"正规军"，任正非强调，领导干部要接受培训，深入实践。

行动指南

现代化的公司需要一套正规的管理体系，而建立一套正规的管理体系又需要一批正规化的干部队伍。

10月10日 提拔重用的标准

我们要提拔重用那些认同我们的价值观，又能产生效益的干部。我们要劝退那些不认同我们的价值观，又不能创造效益的人，除非他们迅速转变。

——摘自《不要忘记英雄》，1997年1月

认同华为文化、价值评价规律，并全心全意为公司而努力的干部才能成为我们事业的中坚力量。允许一些不认同我们的文化，但具有专业知识的人，在一定的岗位上工作。不能认同我们文化的员工，不能进入中高级管理层。

要建立一支强有力的、英勇善战的、不畏艰苦的、能创造成功的战斗队伍。

——摘自《自强不息，荣辱与共，促进管理的进步》，1997年7月

背景分析

华为的企业文化可以被概括为"狼性"文化。任正非说，不能认同华为企业文化的人，不能进入中高级管理层。作为领导阶层的干部更应该认同华为的企业文化，因为干部负有引导员工接受企业文化的责任和义务。对于干部管理，华为曾提出过"干部四

象限原则",该原则明确了"不打粮食"的干部不能提拔的原则,它强调的是干部必须做出成绩和贡献,这体现了华为求实务实、不讲形式主义的作风。华为一改以往重视表面素质等认知能力和领袖风范的用人原则,明确提出了自己的干部选拔原则与标准。华为不仅强调干部要能带领队伍使公司产生效益,也要认同公司的价值观。

行动指南

统一的价值观是企业长远发展的基础,能产生效益是干部能力的体现,两者缺一不可。

10月12日 制度化让贤

由市场部集体辞职掀起的接受公司考察、能上能下、制度化让贤,以及由此推动的公司第二次创业,已经深入人心。

我们将面临更高层决策的客户,他们有多年引进项目的经验和丰富的专业知识,他们是用国际营销市场这把尺子要求我们的。我们面临的是缺乏现代化指挥作战和产品多元化销售中缺乏业务指导的问题,身先士卒、冲锋陷阵和领导模式已成为历史。

——摘自《自强不息,荣辱与共,促进管理的进步》,1997年7月

背景分析

1996年1月,华为发生了一件被内部人认为是惊天动地的大事——市场部集体辞职。当时,华为市场部所有正职干部,从市场部总裁到各个区域办事处主任,都要提交两份报告,一份是述职报告,一份是辞职报告,采取竞聘方式进行答辩。公司根据其表现、发展潜力和企业发展需要,批准其中的一份报告。在竞聘考核中,包括市场部代总裁毛生江在内的大约30%的干部被替换下来。1996年,华为取消了由郑宝用出任的总工程师职位,转而成立了战略规划办,而在此之前,华为不少重大产品研

发基本都依赖于个人的决策。后来，任正非在不同场合多次对市场部的集体大辞职行为给予了肯定，在那次辞职运动中得到考验的干部毛生江，也多次得到任正非的亲自点名表扬。表面看来，这是华为市场部的一次重大人事变动，而任正非的真实用意却更加深远。如果说1997年华为开始全面引进世界级管理体系的话，1996年华为"市场部集体大辞职"事件则可视为后续改革的序曲。2004年，华为成立了经营管理团队（EMT）——由董事长、总裁以及6位分管不同领域的副总裁组成，构成群体决策的民主机构，并推行了"轮值CEO"制，由不同的副总裁轮流带队，每月定期商讨公司战略决策。市场部集体大辞职行动大大推动了公司干部任职资格体系的完善。

行动指南

当一个公司的干部调上调下不再依靠领导个人，而是由一套规范制度决定的时候，公司的干部管理才算是成熟了。

10月14日 务实与务虚

公司有务虚和务实两套领导班子，只有少数高层才是务虚的班子，基层都是务实的，不能务虚。中高级干部要做势，基层要做实。

让务实的人参加务虚，让务虚的人循环去务实，让一代中、高级技术与管理干部在流动中成长，通过这种传输方式，使基层的血液不断流动，带去新的能量和管理方法，提升管理水平，使优秀人员的思维在实践中自我认识、自我优化。

——摘自《自强不息，荣辱与共，促进管理的进步》，1997年7月

背景分析

任正非要求华为的员工在工作中能够从细处入手，扎扎实实地做好基础工作，这就是务实；任正非也要求干部在理论上"务虚"，培养着眼全局的战略观念，在实践中

"做实"，切切实实做好本职的基础实务工作。只有做到了既"务虚"又"做实"，把两者很好地结合在一起的人，才能成为公司的中高级领导人。

为了让普通员工练好内功，做好基础工作，华为一度在4月底和10月底搞"技术大比武"。2007年以后，华为中国区技术服务开始推行"春季大练兵活动"，营造你追我赶的学习氛围，实现共同提高。活动围绕内力修炼、助力牵引及外力培训三方面开展。内力修炼方面就是努力提高自身的技术水平。在外力培养方面，华为着重培养客户技术骨干，方便后期的区域维护工作。这既可以进一步提高客户满意度，同时锻炼了华为人自己的文档写作水平和客户培训水平。还有部分员工被派回总部参加高端产品培训，学习回去后给产品线做培训老师，这样，当事一来人自己获得提升，二来也可把学到的成果与产品线的其他同事共同分享。

行动指南

管理是分层次的，不同的管理层次，其管理方式和内容也是不同的，"务实"与"务虚"是企业针对不同层次员工的管理方法。

10月15日 管理者的成绩由员工体现

那种隐瞒质量问题的干部必须要辞职。我们提倡干部有问题要一边报告，一边解决，不报告是不利于问题解决的。对成绩要实事求是，一边总结，一边检讨，要在此基础上再上一层楼。

1997年管理力度最大的是对人的管理，它的重担落在了全体干部的身上。人力资源委员会要充分调动各级行政部门的力量，深化考核评价体系。我们要用两三年时间理顺公司的内部关系，建立起科学合理、充满力量的内部动力机制。要培养造就一大批中高级干部，形成华为的核心力量。

——摘自《自强不息，荣辱与共，促进管理的进步》，1997年7月

员工有权对认为不公正的处理，向直接上司的上司提出申诉。申诉必须实事求是，以书面形式提出，不得影响本职工作或干扰组织的正常运作。各级主管对下属员工的申诉，都必须尽早予以明确的答复。员工有权保留自己的意见，但不能因此影响工作。上司不得因下属保留自己的不同意见而对其歧视。员工未能达到考评标准要求，也有管理者的责任。员工的成绩就是管理者的成绩。

——摘自《华为基本法》，1998年3月

背景分析

华为拥有一支年轻的队伍，年轻人勇于创新，但也最容易犯错误，任正非认为应该鼓励员工或干部敢于犯错误，但是反对任何隐瞒错误的行为。华为贯彻"小改进，大奖励；大建议，只鼓励"的制度，追求管理不断的优化与改良，推动全面最佳化的、有引导的、自发的群众运动。华为承认，干部对员工的评价有时候不一定正确，很难做到绝对公正，因此，要给员工申诉的机会。既然承认干部在工作和管理当中也会犯错误，华为就不会因为干部犯错误而武断地让其下岗，而是要求干部不断地总结、检查及改进。可见，在华为对干部并没有过于苛刻的要求。

行动指南

人非圣贤，孰能无过，知错能改，善莫大焉。干部由于工作强度和压力比普通员工更大，也更容易犯错误，企业应该允许其犯错误，同时干部也应该不断地纠正错误、改进工作，而不是隐瞒。

10月16日 权力制约

淡化企业家和强化职业化管理，要求我们逐步地开放高层民主。华为实行的委员会民主决策、部门首长办公会议集体管理的原则，这是发挥高层集体智慧、开放高层民主的重要措施。以资深行政人员、资深专业人士，以及相关各行政职能部门首长组成的委员会，贯彻了选拔的从贤不从众。在实行决策管理过程时，又使用了充分的民主原则，从而使企业的管理避免和减少首长个人决策的失误机会。即使失误了，也因事先有过充分的研究，可以有众多人员去补救。委员会是务虚，确定管理的目标、措施、评议和挑选干部。

——摘自《要从必然王国走向自由王国》，1998年3月

背景分析

一个现代化的国家和民族必须使"人治"最小化，"法治"最大化。权力只有受到限制和监督才能不被滥用。美国前总统布什曾说过："人类历史上最伟大的成就，不是留下了多少宏伟建筑和科技成果，而是驯服了权力，把统治者关进了笼子，我现在就是在笼子里对你们讲话。"

任正非深刻意识到自己以及其他华为高管人员在华为的权力，为了淡化领导人的个人意志，建立长效机制，在他的领导下，《华为基本法》应运而生。在华为，公司对于干部选拔遵循民主集中制的原则，主张制约中、高级干部的权力。任正非曾列举了万国证券公司失败的例子。他认为万国证券公司起初是非常艰苦奋斗的，那段艰苦奋斗的历史应该令世人都震惊。万国证券不是作为一个坏公司垮掉的，而是作为一个好公司垮掉的。由于种种压力，万国证券的总裁违反证券市场的操作法规，做出了一个决策毁掉了这个很有前途的公司。万国证券的总裁之所以可以实施那个决策，与其权力不受制约有直接关系。任正非由此想到了华为。华为会不会垮掉？任正非认为是完全可能的。因此，华为必须确立受到制约的权力体系，公司的发展才能有序。然而，要实现有序、有规则，不是一天两天就可以实现的，这个过程将是非常漫长、艰难的。一旦实现了这种有序的动力与制约机制，华为就不会犯万国证券的错误，不管总裁有多大个人威望，不对的事，就要有牵制。

行动指南

企业领导要充分运用权力，公司则要时刻监督权力。

10月18日 任正非越是"傀儡",证明华为改革越成功

我们公司在改革之初,IBM顾问做咨询时提出一个条件,"改革的结果就是把你们自己的权力干掉",他们讲得很清楚,改革把所有权力都放到流程里,流程才拥有权力,最高领袖没有权力,只能做规则。因此改到最后结果,我就成"傀儡"了,我越是"傀儡",越证明公司改革是成功的。

——摘自任正非接受《南华早报》总编辑采访,2019年5月

背景分析

华为向西方企业学习流程后,最重要的变化是将原来高度集中的权力分散化了,每个环节都有一定的权力。当然,高层依然有干预某个流程的权力,但是,如果高层要越过某些既定流程去干预,只能改变既定的规则,但规则不能说改就改,要反复讨论才能改。这就导致规则的改变其实是很难、很漫长的事情,这在客观上限制了权力对流程的干预。

美国当年制定联邦大宪法的时候,各派力量争执了很多年,这一过程中,各种力量越吵越明白,越吵越现实,最终形成了对美国历史产生重大影响的联邦宪法。

实施流程化管理之后的华为,类似于制定联邦宪法的美国,也是各种力量相互作用、妥协的过程。最终实施了流程化管理的华为,越高层的领导越没有权力,因为都通过授权授出去了。因此,任正非戏称改到最后,他就成"傀儡"了,但是他越是"傀儡",证明华为公司改革越成功。

行动指南

摆脱对个别"能人"的过度依赖,企业才能长治久安。

10月20日 压力杠杆

中高级干部要加强自己的管理技能训练，提高自己的业务素质，赶上时代的需要。经历了10年创业，中高级干部总的来说是好的，具有高度的责任心与事业心，也勇于自我批判，自我约束。由于历史的原因，把你们推到了领导岗位，并不意味着你们具备了必需的才干。但你们对公司的忠诚、对工作的敬业，都是你们提高技能后继续担负领导工作的重要基础，公司信任你们，你们必须努力学习。公司的迅猛发展，使你们在管理技能提高上已与公司的发展出现差距，要下决心努力学习赶上来。

最成功的管理者是将工作压力适度传递，犹如物理学中的杠杆原理。作为管理者的工作，就是用一定的力量便能撬动所必须撬动的物体，找到力学点，找到下级人员的力学点。这样管理者才能带领其团队圆满地完成工作。

——摘自《小改进，大奖励》，2000年1月

背景分析

每个管理者都应该提高管理技能和管理艺术，因为它能激发下属的潜能，提高工作效率。在华为，公司既强调中高级干部要有责任感和使命感，也要求他们具有良好的管理技能和管理艺术。仔细分析许多部门的管理者，任正非发现，公司有些管理人员在工作的压力传递方面多少存在一些问题，使公司的有些工作始终处于被动的局面。

任正非认为，从某种意义上说，每个人都有工作表现欲，有实现自身价值的欲望。管理人员所要做的是，如何发现他们，诱导他们的这种表现欲望，并提供给他们施展表现欲的平台。当然，这种欲望的实现同时也要与经济利益相辅相成，达到企业、部门与个人收益的"双赢"。工作压力的适度传递，意味着管理人员与他的下级工作人员共同承担起工作压力、责任、风险，共同实现本企业或本部门的目标价值，管理人员要为他的下属提供较好的施展才华的工作平台和展示自己的机会。

> 行动指南

公司的发展需要一批成功的管理者，而成功的管理者不仅能够激发员工的潜力，使人力资本增值，也能够很好地协调管理者与被管理者之间的关系，这就需要有管理技巧和管理艺术。

10月21日 争做将军，而不只是做英雄

"上甘岭"上是不会自然出产将军的，将军都曾经是英雄，但英雄将来不一定会是将军……将军要通过自己的努力学习，全面提升自己的素质，以适应公司全球化的需要。

——摘自《小改进，大奖励》，2000年1月

> 背景分析

德鲁克说："一个重视贡献的人，为成果负责的人，不管他职位多么卑微，仍属于'高层管理者'。"中高级干部是公司的核心力量，任正非强调中高级干部要不断地提高自身各方面的能力，这是对中高级干部的要求，也是中高级干部自身的责任。在管理方面，中高级干部需要协调管理者与被管理者之间的矛盾、员工个人利益与集体利益之间的矛盾，以及公司短期目标与长远利益之间的矛盾；在业务上，中高级干部有责任不断加强学习，加强培训，与时俱进，为普通员工做好表率。在任正非看来，"英雄是优秀的独立贡献者，将军是团队管理者。从英雄到将军，体现的正是从优秀独立贡献者到管理者的跨越"。可见在华为，作为管理者，有责任不断加强学习，不断提高自己。

> 行动指南

优秀的管理者不仅有责任帮助下属不断地改进，也有责任不断提升自身的各方面素质。

10月22日 淘汰一个落后高管可支撑好几个优秀员工的激励

平庸、怠惰和落后的高管淘汰了,下面优秀基层员工就可以升上来成为高级干部,淘汰一个落后的高管可以支撑好几个优秀员工的激励。

——摘自《在干部管理工作汇报会议上的讲话》,2019年6月

背景分析

截至2019年,华为在职员工总数近20万,其中有一定职务、承担部分管理职能的人员也有近10万。如此来看,华为的管理团队规模还是相当大的。如此庞大的员工基数,就需要相当多的成长机会,否则,基层员工、基层管理人员就没有太多机会成长起来,长此以往就会严重影响公司的流动性、成长性,导致公司内部管理板结。任正非明显看到了这种危险。

在2019年的华为干部管理工作会议上,任正非指出,要淘汰一些不合格的管理层,尤其是高管。因为高管占用的资源非常多,对公司发展的影响大,一旦某些不符合要求的高管长期占着位子,就会浪费公司的大量资源,导致公司丧失发展机遇,不如让他们让出位子,给基层员工更多成长机会。

行动指南

"兵熊熊一个,将熊熊一窝",将军不行累死三军,这样的将军必须被淘汰,给基层员工让位。

10月24日 接班人

各级干部都必须努力培养超越自己的接班人,这是我们事业源源不断发展的动

力。没有前人为后人铺路，就没有人才辈出。只有人才辈出，继往开来，才会有事业的兴旺发达。

任何人都必须开放自己，融入华为的文化生活中去。为了企业的生存与发展，要有能上能下的心胸。只有能屈能伸的人，才会有大出息。

——摘自《不做昙花一现的英雄》，1988年8月

华为公司的接班人是在集体奋斗中从员工和各级干部中自然产生的领袖。公司高速成长中的挑战性机会，以及公司的民主决策制度和集体奋斗文化，为领袖人才的脱颖而出创造了条件。各级委员会和各级部门首长办公会议，既是公司高层民主生活制度的具体形式，也是培养接班人的温床。要在实践中培养人、选拔人和检验人。

——摘自《华为基本法》，1998年3月

背景分析

企业要想长远发展，就必须有充足的人才储备，培养公司的接班人是重要环节。任正非正是着眼于公司的长远发展，要求干部在与下属工作和生活的时候，善于发掘那些有潜力、表现突出的员工，并对其进行重点培养。但是，任正非提醒有关干部，要警惕不会做事却会处事的人受到重用。他提倡华为人要坚定不移地向第一、第二代创业者学习：学习他们在思想上的艰苦奋斗精神，勇于向未知领域探索；学习他们的团队精神和坦荡的胸怀，坚持和不断完善公正合理的价值评价体系；学习他们强烈的进取精神和责任意识，勇于以高目标要求和鞭策自己；学习他们实事求是的精神，既具有哲学、社会学和历史学的眼界，又具有一丝不苟的工作态度。在任正非看来，走向世界，实现华为的使命，是华为一代又一代接班人矢志不渝的任务。

行动指南

"江山代有才人出，各领风骚数百年。"公司只有不断地涌现出新的人才，才能继往开来。

10月25日 会做人，也要会做事

各级领导干部不但要学会做人，也要学会做事，踏踏实实地做事，认认真真地做事。那种只说不做，或只会做表面文章的人，只会进行原则管理、从不贴近事件的人，不能得到提拔和重用。

各级干部都要亲自动手做具体事。那些找不到事又不知如何下手的干部，要优化精简，不仅要精兵简政，也要精官简政。我们将把没有实践经验的干部调整到科以下去。在基层没有做好工作的，没有敬业精神的，不得提拔。任何虚报浮夸的干部都要被降职、降薪。

——摘自《不做昙花一现的英雄》，1988年8月

背景分析

做人和做事往往是不可分割的，只有先学会做人，才能把事情做好。在华为，公司不仅要求每个员工都学会做人做事，也要求各级干部在做人做事方面为下属做出表率。在做人方面，任正非自己就是一个成功的例子，他出身于一个普通的家庭，父母的勤劳、善良和朴实塑造了任正非良好的性格。任正非为人低调，但不乏社会责任感，华为对公益事业、慈善事业以及国家税收都做出了巨大贡献。

任正非以自己的行动作为表率，告诉华为各级干部，身为干部要有个人修养，中高级干部要提高自身的修养，学习领导的艺术和良好的工作作风，要廉洁自律，不搞小团体，不拉帮结派，要正确处理与下属之间的关系，在做事方面，干部要深入实践，认真负责，不要下车伊始就指手画脚，"言必称希腊"。总之，各级干部都要清清白白地做人，踏踏实实地做事。

行动指南

会做人、会办事是干部的起码素质。

10月26日 有牺牲精神才能成为将军

要将在华为当干部理解为一种责任,一种牺牲了个人欢愉的选择,要做出更多奉献的责任。每一个干部都要有远大的目光、开阔的胸怀,要在思想上艰苦奋斗,永不享受特权,与全体员工同甘共苦。我们考核干部要看他担当的社会责任(狭义),是否有利于公司的整体利益,是否能促进部门的管理进步。做华为的干部就不能满足于个人成就欲,任何未经社会责任改造的人,都不能成为中高级干部。

——摘自《不做昙花一现的英雄》,1988年8月

只有有牺牲精神的人,才有可能最终成长为将军;只有长期坚持自我批判的人,才会有广阔的胸怀。

——摘自《在干部后备队结业证书上的题词》,2006年9月

背景分析

在华为,公司要求每个人都要有奉献精神。华为创办30多年来,尤其是实施国际化战略以来,大批华为人做出了巨大牺牲,有的甚至牺牲了自己宝贵的生命,有的则在异国他乡遭遇了种种危险,还有的干部一个人长年在国外奋斗,很少回家团聚。正是这些华为人的奉献和牺牲精神铸就了华为今天的辉煌成就。

"只有有牺牲精神的人,才有可能最终成长为将军;只有长期坚持自我批判的人,才会有广阔的胸怀。"正如任正非在干部后备队结业证书上亲笔写下的这两句话,华为的发展任重而道远,承担更多压力和任务的干部更应该有奉献和牺牲精神,时刻把公司的利益置于个人利益之上。

行动指南

社会的发展和进步离不开人类共同的奉献。企业的发展壮大也需要全体员工的无私奉献,作为中高级管理者更应该奉献在前,享受在后。

10月28日 末位淘汰

我们坚持干部末位淘汰制度，建立良性新陈代谢机制。坚持引进一批批优秀员工，形成源源不断的干部后备资源；开放中高层岗位，引进具有国际化运作经验的高级人才，加快干部队伍国际化进程。加强干部和员工的思想品德教育、诚信教育。坚持反对干部腐败，反对赌博。凡参与赌博的干部，一律开除。我们还反对员工打牌，华为公司基本上没有多少员工敢打牌，因为我们认为这样玩物丧志，高级主管打牌的一定要受处分。建立员工个人信息系统，记录员工在诚信方面的信息，包括奖、罚、晋升、任职能力、绩效等信息。我们要变成一个诚信社会，就要建立全体老百姓的诚信档案。

——摘自《华为的战略》，2020年9月

背景分析

末位淘汰制是绩效考核的一种方式，是工作单位根据本单位的总体目标和具体目标，结合各个岗位的实际情况，设定一定的考核指标体系，并以此指标体系为标准对员工进行考核，再根据考核的结果对得分靠后的员工进行淘汰的绩效管理制度。一方面，末位淘汰制有积极作用，如调动职工的工作积极性、精简机构等；另一方面，末位淘汰制也有消极的方面，如有损人格尊严、过于残酷等。

外界对末位淘汰制的看法莫衷一是。有人认为它的实施大大调动了员工的工作积极性，有力避免了人浮于事、效率低下的不良状态；有人则认为末位淘汰制不符合以人为本的管理思想，容易造成员工心理负担过重、同事关系紧张等恶性情况。

在华为看来，末位淘汰制有利于干部队伍建设，可以让员工更有效地监督领导干部，使领导干部有压力，更好地运用权力，使清廉而有能力的干部得到应有的晋升。华为实行干部末位淘汰制，其目的也是在干部中引进竞争的机制，增强干部的危机意识，因此，华为一直坚持干部能上能下，不搞终身雇佣制度。

> 行动指南

没有竞争，就没有压力，也就没有动力，一劳永逸的干部任命制很显然已经越来越不合时宜。

10月30日 空降兵

过两三年后，公司管理规范了，我们要引入一批胸怀大志的人进入公司，来激活沉淀层。

很多公司的历史经验证明，"空降部队"也是好的，但是其数量绝对不能太大。问题在于华为能不能把这支"空降部队"消化掉。如果不能消化掉，华为就没有希望。

——摘自《一个职业管理者的责任和使命》，2000年11月

华为公司的接班人是在集体奋斗中，从员工和各级干部中自然产生的领袖。

——摘自《华为基本法》，1998年3月

> 背景分析

华为曾从哈佛大学高薪招聘了几个博士，但是他们做的那套东西在华为却适应不了，结果公司既没有得到明显改进，他们的才能也没有得到充分发挥。如果公司把他们用到负责人岗位上，他们那个指挥系统可能就会把公司搞得一塌糊涂。后来华为就确定了一条方针，不再奢望外面来的空降兵，而是决心从公司内部培养骨干。在这个方针的指导下，华为将大批有潜力的干部输送到国际市场进行锻炼。

2006年9月4日和5日，华为公司三级干部后备队第一期答辩与结业典礼在深圳总部华为大学隆重举行，这是华为干部后备队培养工作的重要里程碑。干部后备队培养的目的在于产生一批能够理解、执行、传播华为核心价值观和文化，并且具备公司战略发展所需的领导素质和技能的干部队伍，以支撑公司业务快速增长和国际化过程

中，干部队伍建设所面临的巨大挑战和压力。这是华为自己培养干部的举动之一。

但是，如果华为不从外部吸收有国际化背景的人才，在某些时候也很难适应国际化的快速发展，尤其是在技术人才上，因此，任正非也不完全排斥空降兵。事实上，华为近年来在全球招聘了大批掌握前沿技术的专业人才，大大充实了华为的技术团队。

行动指南

空降兵是指企业直接从外部引入的高管人员。据统计，空降兵的失败率高达90%，空降兵不好当，究其原因有三：①没妥善处理与企业元老重臣的微妙关系，导致工作不好开展；②业绩不够理想，未能达到预期目标；③保留原有公司的行为理念，没有融入新的企业。空降兵要实现软着陆，有三大法宝：团队建设、用成绩证明自己、有效沟通。

11月

国际化：建立新型竞合关系

11月1日 做国际市场秩序的维护者

我们也不要仅为自己生存，而去做一些不应该做的行为。我们要做一个国际市场秩序的维护者，而不是一个破坏者。

——摘自《不要试图做完人》，2008年6月

背景分析

早期的华为，被外国企业看成是"价格屠夫"。竞争对手指责说，华为用低廉的价格加上极端的市场策略，带来的恶性竞争，最终会让行业参与者都没有好日子过。

华为决心在世界范围内捍卫其知识产权，并向对手证明华为不仅仅是"价格屠夫"。

市场调研机构Dell'Oro报告指出，2020年第一季度在全球5G通信设备市场中，华为以35.7%的市场占有率排名第一。爱立信则以24.6%排名第二，诺基亚以15.8%排名第三，三星以13.2%排名第四。

在国际化竞争中，任正非强调要遵循国际市场秩序，而不是颠覆这些规律。

> 行动指南

很长一段时间,"中国制造"在外国人眼中是廉价的代名词。可在当今的市场环境下,国际化走低价竞争就是自寻绝路。凭借良好的产品品质与品牌形象走向国际,更具竞争力。

11月2日 戒骄戒躁

与国际著名公司相比,我们还缺少可比性。在国际市场的竞争中已明显地显露了我们的弱点。外国公司的人评述,你们的设备很好,但队伍太年轻,缺少国际经验。我们的队伍年轻,敢想敢干,在局部上突破一些技术的前沿,取得了进入国际市场的资格,但面对国际复杂网、多网合一,我们年轻的队伍是否受得了?看看世界,比比自己,我们还需要付出百倍的努力。我们有没有能力在这个时期确立自己的国际地位,这对我们年轻的队伍是一个考验。下世纪(21世纪)初我们具有年龄优势,与国内巨大市场支持的优势,将促进我们在国际市场占有有利地位,这是十分有希望的。如果我们不继续艰苦奋斗,不努力使管理水平与国际接轨,大好形势就将付诸东流。到下世纪初,我们一点优势都没有,就只有进入破产整顿。所以千万不要盲目乐观,一定要戒骄戒躁。

——摘自《在市场庆功及科研成果表彰大会上的讲话》,1996年6月

> 背景分析

与国外先进大公司、百年老店相比,创立不过30多年的华为,最大特点就是年轻。因为大多数中国企业创立时间不长,即使国内一流企业,无论其市场运作、核心技术,还是人才储备,在国际竞争中的优势都不太明显,这导致中国品牌在国际市场上的影响非常有限。身为中国企业,华为也不得不面对这个问题。

1996年,华为刚刚走向国际市场,虽然与和记黄埔有了合作,并派员进入了俄罗

斯，但在国际市场上，与国外成熟大公司相比还显得很幼稚。因此，任正非提出，要推动公司各方面的进步，在技术、管理、服务、营销各个方面向国外大公司靠拢，同时，加快人才队伍的培养和锻炼，发挥年轻人敢想敢拼的优势，克服盲目冒进的劣势。

行动指南

发展是新事物代替旧事物的过程，是小企业逐步成长、超越的过程。

11月3日 接轨国际与语言没有关系

首先与国际接轨是什么，接轨国际与语言没有关系，与国际接轨的最重要指标就是提高工作效率（绩效）。

——摘自《PMS 高端项目经理的座谈纪要》，2009 年 3 月

背景分析

任正非认为华为与国际接轨的经验多数来自西方，华为希望强制中方员工在工作中使用英语。但同时，任正非也说道，接轨国际与语言没有关系，优秀管理就是做同一件事，达到同一质量，且成本更低。

在关于"中方团队和外方团队融合还不够，中方团队权利较大"的问题上，任正非认为原因是华为机关与国际接轨的程度不高，华为机关的员工还不能直接与西方的、海外的员工进行交流。这种交流并不是指语言上的，而是管理方法、表达方式上面的。

行动指南

与国际接轨，语言只是第一道坎，难度更大的坎还是在文化差异上。中外文化差异会造成两方人对某些事情的态度和做法的不同，在管理方法、表达方式方面也存在很大

的差别。要做到真正地与国际接轨，就要在中外差异上取得平衡点。

11月5日 站在西方角度去理解西方的价值观

公共关系纲要主要是要解决与西方的沟通问题。亚非拉发展中国家很容易接受我们的观点，日韩也还好一点，欧美很难。如果我们和西方价值观不一样，怎么进得去西方？那他们就会认为我们是在进攻。他们一定会把墙越筑越厚、越筑越高，我们的困难就越来越大。实事求是讲，他们几千年形成的文明，不是我们小小的公司改造得了的，蚍蜉撼树谈何易。

我们这些年，都是采取中国的思维方式去理解世界的格局，去揣测西方的意图。要对世界有充分的了解，必须站在西方的观念上理解西方。电视片《大国崛起》讲了一些道理，我们研究各国强盛的原因，要站在西方角度，去解释文明的兴衰。

——摘自《在华为公共关系战略纲要汇报会上的讲话》，2018年9月

背景分析

1840年，苏格兰医生兼传教士戴维·利文斯通第一次去非洲探险，此后，他将自己的一生奉献给了中部非洲的探险事业。戴维·利文斯通在几次旅行中所做的详细记录，使非洲地图原来的许多空白处逐渐得以丰富。

1855年，戴维·利文斯通在津巴布韦与赞比亚的接壤处发现了维多利亚瀑布，这就是今天的莫西奥图尼亚瀑布。在百年前的蛮荒时代，非洲很多地方还有强盗、瘟疫。身为探险家的戴维·利文斯通冒着巨大风险、忍受了很多痛苦到达那里，他把维多利亚瀑布献给了英国女王，并在那里坚守了几十年，防止有人开发破坏。最终，戴维·利文斯通死在了非洲的探险路上。

这个真实的故事是任正非讲给华为公共关系部门的同事们听的。任正非要表达的意思是，如果仅从我们的角度去理解西方人的行为，双方就永远没有共同语言，也就不可能找到解决问题的模式。

任正非说，几百年前，英国人把世界各地很多艺术品运回国，站在我们的角度，这是掠夺。但如果站在英国人的角度上，他们不这样认为。他们不惜漂洋过海，冒着生死风险，把一些艺术品甚至整个神庙，用木船运到英国，好好保存下来。那个时候的他们，可能觉得自己是在拯救世界资源免遭毁灭。

孔子说"躬自厚而薄责于人"，意思是真正有修养的人，不会无端指责别人，而会不断换位思考，多多反思自己，最终能够理解别人而严格要求自己。

任正非强调，华为的公共关系工作现在不需要再去强调身份证明，而是要解决商业大环境的问题，就是要充分认识西方价值观，把华为价值观中和西方一致的部分讲清楚，在一定程度上形成共识。当然，华为并不是完全接受西方的政治价值观。

行动指南

换位思考的一个前提是理解对方的价值观、文化背景。

11月6日 紧跟国际同行

作为高技术产品的程控交换机，同时也是高投入的产品，厂家只有紧跟世界先进技术水平，在开发上大量投入，才能保证设备具有世界一流的技术水平，只有在市场、培训、服务上投入，才能保证设备在交换网运转良好，适应高质量通信网建设。但目前市场并没有体现"优质优价"，做长线产品技术与设备大量投入，负担重，发展遇到重重困难，而短期行为投入少，利润却颇为不错。如果国内厂家几年之内，继续没有资金进行更新改造，加速科研投入的话，几年后将被外国企业一扫而空。

——摘自《对中国农话网与交换机产业的一点看法》，1994年6月

背景分析

华为是从代理香港HAX交换机开始的，这是很多公司起步时的必然选择，因为代

理门槛低、风险小，但做代理往往难以积累自有技术。但华为不同，任正非一直梦想拥有自己的技术，生产自己的产品。在做代理的同时，华为就开始有目的地学习技术，每逢HAX工程师去现场维护，华为就会派出自己的工程师到现场。在做代理有了一定的积累后，华为就全部投入到了JK1000交换机的研发中。这是一款半机械、半数字的过渡阶段的交换机产品。当国内同类厂商看到华为推出JK1000后，开始研发2000门的交换机，这才是真正意义上的程控交换机。此时，由于国内程控交换机市场非常大，即便是2000门的机器，收益也非常好。但任正非认为，华为应在这项技术上领先一步，不能只看眼前利益，要进行更大的投入。在华为看来，此时，国内程控交换机的技术焦点，已经转到了容量大小上。华为马上升级，开始研制万门级程控交换机。1994年，具有历史意义的C&C08交换机诞生了，华为一举奠定了其在国内通信市场上的技术地位。

行动指南

高新技术的最大特点是技术更新快，每次技术更新，都是后来者超越的大好机会。

11月7日 狭隘的民粹主义会导致华为落后

狭隘的民粹主义、狭隘的民族感情会导致我们落后的。

我们整个公司从上到下20多万员工，走到今天，你听不到一句反美的口号，大家都在认认真真学习美国的先进之处。美国国防部最近几篇文章《5G生态：国防部的风险和机遇》《马蒂斯关于军人部署的命令》都贴在公司网上，我们认为写得很好。他们能深刻认识到如何打击我们，我们可以对照并去理解如何继续把自己变得更好一点。

——摘自任正非接受《南华早报》总编辑采访，2019年5月

背景分析

2018年以来，美国对华为的封杀越来越严厉，下令多家美国公司停止与华为的合作。国内于是掀起了一股强烈的"爱国主义"浪潮，网络上叫嚣着支持国货、支持华为、抵制美国货的声浪此起彼伏，甚至有一些服务网店打出横幅，凡是美国人来店消费要加收25%的服务费，为什么呢？去问美国大使馆！还有一些公司发通知说，凡是购买华为手机的可以全额报销等。

这些行为和言论可以理解，那些受了几十年爱国主义教育、缺乏发泄渠道的人们，喊几嗓子也不过分。

但是，这很容易上升到一种民粹思潮。

任正非显然看到了这种苗头，于是尽管特朗普咄咄逼人，在回应美国封杀华为的时候，任正非还是强调，狭隘的民粹不是爱国而是害国，中国的未来在于继续开放，打开的大门不可能再关上。任正非强调，不能有狭隘的民族情结、民粹情绪，要保持冷静客观的头脑，要认真向美国学习。

行动指南

经营企业切忌非理性的叫嚣，需要冷静客观的分析。国家也是如此。

11月8日 开拓国际市场

我们正在奋力开拓国际市场，努力扩展生存空间。在国内与众多竞争伙伴实行企业重整、股份制合作，建立由市场与国家控股的大产业集团，进入良性竞争。

——摘自《在第四届国际电子通信展华为庆祝酒会上的发言》，1995年11月

华为的追求是在电子信息领域实现顾客的梦想，并依靠点点滴滴、锲而不舍地艰

苦追求，使华为成为世界级领先企业。

——摘自《华为基本法》，1998 年 3 月

背景分析

早在 1995 年，任正非就预见，将来不会有仅仅依靠区域市场生存的电信设备商，所有的电信设备商都必须是国际化的。于是，1996 年，华为开始国际化布局。起初，华为员工对国际客户很陌生，而国际客户对华为也是完全不了解的。任正非这个从艰难生活走过来的人，此时却一改勤俭节约的习惯，将大批华为人输送到国外开拓市场，有时长年没有任何收益；同时，华为花费巨大的代价，推出"东方丝绸之路""东方快车"等活动，将国际客户请到华为总部参观考察。

1996 年打开中国香港市场、俄罗斯市场，2000 年之后，华为开始在其他地区全面拓展，包括泰国、新加坡、马来西亚等东南亚市场以及中东、非洲等区域市场。特别是在华人比较集中的泰国市场，华为连续获得较大的移动智能网订单。此外，在相对比较发达的地区，如沙特、南非等也取得了良好的销售业绩。

2018 年以来，尽管华为在美国等地受到了打压，但华为的国际化进程始终没有停步，来自海外的收入依旧在总收入中占最大比例。

行动指南

心有多大，舞台就有多大。电信是个特殊行业，电信设备制造企业如果仅仅局限在国内市场，就永远成不了世界级企业。

11月10日 挑战老牌

我们将大规模地推出新技术、新产品，包括今天我们介绍的产品 HONET 用户光纤接入网在内，在 3 月 16 日邮电部组织的用户接入网研讨会上，我们汇报了我们

的产品，当时参加的有美国电话电报公司、爱立信、诺基亚、富士通等公司，电总评价，适合中国市场上，华为是第一。

——摘自《在深圳华为通信股份有限公司与云南电信器材厂通信电源合作签字仪式上的讲话》，1996 年 5 月

背景分析

IBM、苹果、三星等国际大公司之所以能够在市场上长盛不衰，很大程度上是因为它们能够不断地更新技术，推出新产品。华为在进入国际市场时，坚持把"最好的产品拿出去"，在与世界电信巨无霸公司长达一年多的竞争过程中，最终以技术、质量第一，价格排名第三，获得了阿联酋电信 3G 项目的商用局，这就是一个最好的案例，也再次证明了一条真理，在国际市场上竞争依靠的是实力。

每年拿出销售额的 10% 进行研发，使得华为在国际市场竞争过程中有个高起点。截至 2006 年，华为智能网用户数量全球排名第一，下一代通信网全球排名第二，传输在亚洲排名第一、全球排名第四，交换机品牌排名第二，数据通信也成功地进入了美国和其他国家市场。这些业绩是以核心技术和自由知识产权为后盾的。这意味着在当今国际电信界技术最前沿、竞争最激烈的 3G 领域，中国企业首战告捷。华为不仅成为全球少数几个实现了 3G 商用的厂商，跻身全球移动通信第一方阵，随着华为在海外市场的成功突破，中国品牌也在世界高新技术领域有了一席之地。

行动指南

在高新科技行业，掌握先进技术，是挑战老牌竞争对手的不二法门。

11月11日 国际化营销

所谓的营销国际化，不是在国外建几个工厂，把产品卖到国外去就够了，而是要拥有 5～6 个世界级的营销专家，培养 50～60 个指挥战役的"将军"，我们现在正在建

设一个较大规模的工厂，厂房的长度是 300 米，宽度是 180 米，总面积达 13 万平方米。我们已投资 1000 万元引进 MRP II 的软件，这个管理软件通过我们一年到两年的消化和提高，将使我们的企业管理水平和生产管理水平达到国际水准。同时，投资 2.5 亿元，引进先进的加工生产设备，引进与研制各种调测设备。

——摘自《加强合作走向世界》，1996 年 5 月

背景分析

企业选择走向国际化初期，华为走国内市场的老路，直接与国外的电信运营商洽谈直销，希望将国内市场的成功经验拷贝到更广阔的市场领域。实践证明，这条道路在南美之外的发展中国家市场比较有效，但在发达国家市场根本行不通。国内是一个以人际关系为主的市场，发达国家市场则相对成熟和理性。彼时，中国的市场经济只有 20 多年的短暂历史，再加上社会环境很特殊，这些决定了华为暂时很难培养出熟悉国际市场的高端国际营销人才。华为派到国际市场上的营销人员，大都是在国内市场久经考验的精兵强将，但对国外的政治、文化、环境、语言、沟通习惯等却很不熟悉，更别提销售来自中国的高科技产品了。

截至 2006 年，华为最主要的国际市场分布在东欧及俄罗斯、亚太、中东、北非，但是，西欧、北美两大市场却占据着全球电信市场近 80% 的份额，从这个角度看，华为的国际市场开拓任重而道远。因此，华为必须加快引入具有国际营销经验的人才，充实本部与区域营销队伍，突破发达地区市场。有研究者建议，华为可以选择两条道路：加大投入，采取类似海尔开拓北美市场的方式，实现制造与研发的本地化；或者与国际著名企业达成深度合作。华为实际上也一直在做这样的努力，在全球 IT 业前沿地区设立了研究机构，与国际众多知名企业建立了战略合作。

行动指南

著名学者梅贻琦曾经说过："大学，非大楼也，乃大师之谓也。"企业也是如此，在与国际企业竞争的过程中，不仅仅需要大的硬件投入，更需要国际化的高端人才。

11月12日 积极进行跨国合作

华为将在俄开展经济合作，共同研制与生产电子信息类产品。我们可以认真吸收其尖端科学、军事科学的成就，用于民用，迅速提高自己的水平，也把我们达到世界先进水平的08机，打入俄罗斯市场，争夺这个世界大国的大网，一逞英豪。东欧及俄罗斯，还在进行经济改革，经济已经开始复苏。我们要从积极的方面去观察，不要老用消极的观点去看待东欧的事变。

——摘自《赴俄参展杂记》，1996年8月

背景分析

华为自从推出自主研发的第一部机器——C&C08数字程控交换机之后，通过不断更新，逐渐确立了自身在国内市场上的领先地位。由于在通信领域，国内市场逐渐被国外大公司蚕食，本土电信设备制造企业华为、中兴通信等迅速崛起。

在内忧外患的情况下，华为开始开拓国际市场。鉴于IBM、思科、微软、阿尔卡特等国际大公司已经瓜分了欧美等发达国家的市场，华为确定了先从发展中国家市场切入的战略，与中国有着高层互访关系的俄罗斯成为华为开拓国际市场的重要试验场。但是，由于中国某些不良商人在俄罗斯的非法行为，导致中国优秀企业在俄罗斯举步维艰，华为起初也遭遇了相同的困境。1997年4月，华为在当地建立了合资公司（贝托—华为公司，由俄罗斯贝托康采恩、俄罗斯电信公司和华为三家合资成立），以本地化模式开拓市场。2001年在俄罗斯市场销售额超过1亿美元，2003年在独联体国家的销售额超过3亿美元，位居独联体市场国际大型设备供应商的前列。

2020年的华为，已经成为世界最大的电信设备制造商，是为世界最先进的5G设备供应商。

行动指南

万事开头难，但好的开始是成功的一半，关键是要明确方向并持之以恒。

11月14日 追赶世界潮流

活下来是多么的不容易，我们对著名跨国公司的能量与水平还没有真正的认识。现在国家还有海关保护，一旦实现贸易自由化、投资自由化，中国还会剩下几个产业？为了能生存下来，我们的研究与实验人员没日没夜地拼命干，拼命地追赶世界潮流，他们有名的"床垫文化"，将万古流芳。我们的生产队伍，努力进行国际接轨，不惜调换一些功臣，也决不迟疑地坚持进步；机关服务队伍，一听枪声，一见火光，就全力以赴支援前方，并不需要长官指令。

——摘自《资源是会枯竭的，唯有文化才能生生不息》，1996年12月

背景分析

1997年，华为在海外市场初战告捷，但任正非仍然强调，对创业初期形成的"床垫文化"仍要坚持和传承。任正非还强调，华为正推行人力资源变革以适应新的企业情况，应对严峻的海外市场竞争。他警告道，华为走到今天，在很多人眼里看来规模已经很大、很成功了，有人认为创业时期形成的"床垫文化"、奋斗文化已经不合适了，可以放松一些，可以按部就班，这些观点是非常危险的。在任正非看来，信息产业正逐步转变为低毛利率、规模化的传统产业，电信设备厂商已进行和将进行的兼并、整合正是为了应对这种挑战。华为相对还很弱小，要面临更艰难的困境。要生存和发展，只能用在别人看来很"傻"的办法，就是艰苦奋斗。他强调，任何员工，无论新老，都需奋斗。从高层管理团队到每个基层员工，只有保持不懈怠的状态，华为才能活着走向明天。

行动指南

任何一个国家和民族的发展与进步都离不开艰苦奋斗，企业同样。

11月15日 行政管理国际化

行政管理开始走上了国际化、规范化，各项服务水平、服务意识都大大提高，尤其是膳食的进步巨大。内、外的关系融和，为公司发展打下了良好的基础。生协（华为成立的一个专门为员工提供后勤服务的生活协会——编者注）融合了全体华为人的生活与文化，使公司在推行严格的规范化管理的同时也创造了温和的气氛。

——摘自《自强不息，荣辱与共，促进管理的进步》，1997年7月

背景分析

1997年，中英双方首先在华为和北京外企服务总公司，开展了引进英国NVQ文秘（行政管理）职业标准体系及其考评技术的试点。华为以英国NVQ文秘标准体系作为公司人事管理和人员培训的平台，确定了文秘工作规范化和职业化的目标，并根据公司自己的实际情况修订和细化了文秘资格标准，建立了一套自己的任职资格考评体系。华为公司还在公司和各部门一级建立了资格认证部，组织培训了专门人员负责文秘人员的考评工作，同时还带动了公司员工的培训工作。这样引进试点工作与公司人力资源部本身的在职培训、业绩考核、薪资和招聘等主要工作融为一体，大大促进了公司人事管理工作水平的提高。普考阶段参加考评的人数达200多人，任正非讲上述话的时候，参加考评者已有300多人，完成1级考评的人数达180人。通过参加NVQ文秘体系的考评，华为员工的工作主动性和有效的工作成果得到认可，实现了员工的自我培训和自我提高，极大地促进了员工素质和工作效率的提高。

行动指南

公司是一个庞杂的机构，健全的行政管理是其正常运行的保证。

11月16日 国际化领导团队

（华为要从外部招聘大量干部的）外部条件是社会上难以招到既有良好素质，又有国际大型高科技企业管理经验的空降部队。即使能招到，一个人、两个人也不行，得有一个群体。国内政策与公司实力还养不起一个群体。美国公司如果出了一项产品，登高一呼，很快就有拥有非洲经验、欧洲经验或熟悉亚洲文化的精英聚集。只要双方订好协议，（就在）国际市场紧锣密鼓地干开了。华为成立10年了，海外市场走出去3年了，屡战屡败，屡败屡战，现在才开始有一些小的收获。

——摘自《我们向美国人民学习什么》，1997年12月

背景分析

要走向国际市场，要实现国际化，华为必须具备一大批熟悉国际贸易，懂得国际商业法律，熟谙跨国管理的人才。但是，作为一家从几万元起步的本土民营企业，华为在上述人才储备方面显然是匮乏的。国际上解决人才匮乏的最便捷的办法是从外部招募，这样的人才被称为"空降兵"。国内一些著名企业在国际化过程中，都曾经招聘过层次比较高的"空降兵"，遗憾的是，由于各种原因，这些"空降兵"真正能发挥作用并取得成功的比较少。

在谈到华为是否也应该招一批"空降"人才时，任正非认为，其实，"空降部队"并非一定不好，很多公司的历史经验证明，"空降部队"也是好的，但是其数量绝对不能太多。对于华为来说，关键在于华为能不能把这支"空降部队"消化掉，如果不能消化掉，公司就没有希望。1998年的华为，还没有消化"空降部队"的能力，因为公司每级干部的管理技能和水平实际上都是很差的。华为曾经招聘了几个美国哈佛大学毕业的博士，但他们做的那套东西，华为公司适应不了，结果公司没有进步，那些博士们也没有发挥作用。得到几次类似的教训后，华为就确定了一条方针——从自己的队伍里培养骨干。

行动指南

橘生淮南则为橘,生于淮北则为枳。一个公司里的国际化人才不是越多、越高端越好,关键是企业是否能够合理使用这些人才。

11月18日 熟悉国际管理规范

我们追求持续不断、孜孜不倦、一点一滴的改进,促使管理的不断改良。只有在不断改良的基础上,我们才会离发达国家著名公司的先进管理越来越近。

——摘自《小改进,大奖励》,2000年1月

华为正在建立各项流程管理,并逐步实现流程管理自动化。正在大规模地学习外国先进的科技管理,并逐步应用到自己的实践中来。当3—5年后,新的IT建设起来后,当经历了3—5年管理磨炼的员工熟悉国际规范的管理后,企业的核心竞争力一定会大大加强,人均创利、效益也会大大加强。

——摘自《印度随笔》,1998年12月

背景分析

华为有一份名为《管理优化报》的报纸,是专门对华为人自身的缺点、管理的薄弱环节进行批评、反思的。在任正非看来,在华为国际化的过程中,管理也必须不断提升,这就是优化的过程。天津通信管理局到华为公司访问时,提了一些意见,华为要求中研部、中试部组织员工听录音并认真反思,写了不少心得。

任正非认为,华为要走向国际化,管理体系必须与国际化接轨。实行职业化管理和拥有国际化人才是成为世界一流企业的必要条件。1997年开始,华为与国际著名的顾问公司合作,逐步建立起了以职位体系为基础、以绩效与薪酬体系为核心的现代人力资源管理制度,并实施了以集成产品开发、集成供应链为核心的业务流程变革。2003

年开始，华为又进行组织机构的重大调整，使过去集权化的公司组织向产品线、准事业部制改变，缩小利润中心，加快决策速度，适应快速变化的市场，增强"以小博大"的差异化竞争优势，逐渐建立起一套国际化的管理体系。

行动指南

企业管理是个不断提升、改进的动态过程，要与企业的发展阶段相适应，即所谓与时俱进。

11月19日 新型竞合关系

我们重视广泛的对等合作和建立战略伙伴关系，使自己的优势得以提升。在此我不便说出具体战略合作伙伴，但我们的合作确实是十分真诚的。我们已得到国际伙伴的重视和支持。不卑不亢，平等友好，也得到了国外著名公司的信任，包括一些竞争对手。在国外有人问我，你们是竞争对手，怎么会让你去参观呢？我说和平与发展是国家之间的主旋律，开放与合作是企业之间的大趋势，大家都考虑到未来世界谁都不可能独霸一方，只有加强合作，你中有我，我中有你，才能获得更大的共同利益。所以它们愿意给我们提供一些机会。所以这种广泛对等的合作，使我们的优势很快得到提升，可以迅速推出很多新的产品，使我们能在很短时间提供和外国公司一样的服务。

——摘自《华为的红旗到底能打多久》，1998年8月

既竞争，又合作，是21世纪的潮流，竞争迫使所有人不停地创新，而合作使创新更加快速有效。我们不仅与国内竞争对手互相学习，而且与阿尔卡特、摩托罗拉、IBM、TI（德州仪器）等十几家公司在未来芯片设计中结成了合作伙伴关系，为构建未来为客户服务的解决方案共同努力。

——摘自《创新是华为发展的不竭动力》，2000年7月

背景分析

在国际化时代，任何企业都不可能是全能的，都需要与某些企业建立合作关系。作为后来者，华为更希望与业内先行者建立合作关系，以缩短自己摸索的过程，以及共同把市场做大。但是，在华为寻找合作者的过程中，很多企业对日益强大的华为产生了强烈的畏惧。一位国际著名企业的 CEO 考察过华为的研发和生产基地之后说："现在终于知道谁是我们的真正对手了。"除了思科已经明确将华为列为其在全球最具威胁力的竞争对手之外，业内大部分的国际一流企业也都把华为列为第一阵营的竞争对手，不愿意仅仅因为短期利益的考虑而"引狼入室"，将华为带入北美发达国家市场。

在研发方面，华为考虑的是对方最先进的以及未来要开发的技术，是否可以与华为的研发有结合点，使得华为实验室开发的产品能不断满足最新的需求。

尽管如此艰难，华为始终没有放弃在这方面的努力。2003 年，华为与 3Com 成立合资公司，3Com 可以利用华为在中国市场的销售渠道以及产品成本方面的竞争优势，华为则可以利用 3Com 在国际市场的品牌和地位，以 3Com 的品牌销售合资公司生产的数据通信产品，实现"借船过河"的目的。再后来，在竞争与合作并存成为全球潮流的背景下，华为与很多著名公司都建立了合作关系。

行动指南

"合则生，分则亡"，在全球经济一体化的今天，竞争与合作是相互依存的，任何企业都不能在封闭的情况下得到发展。

11月20日 成本考验

为了降低成本、使自己的价格更具竞争力，这些跨国公司都在进行重组和整合，而这一切的部分原因都在于，中国企业在市场提供的价格较低。随着公司国际化步伐的加快，成本越来越成为对华为的一大考验。

——摘自《华为的红旗到底能打多久》，1998 年 8 月

背景分析

华为的一大撒手锏是中国本土的低成本优势,华为在海外有一句广告词是"不同的只是价格",一方面强调华为产品质量与国际巨头相差无几,另一方面说明华为在海外很多时候打的是价格牌。同样质量的产品,华为产品的价格往往是国外大企业产品的1/3。

但这种价格优势正在逐步远离华为,迅速成长起来的华为,已经开始面临利润率降低的压力。一方面,近年来为了降低成本,国际巨头纷纷将生产工厂及部分研发中心搬到中国,而华为,为了尽快与国际接轨,以稍高的成本雇用了大量海外员工,2006年,即使华为一名新员工也不增加,人工成本也将增加了20%以上;另一方面,欧洲本地的竞争对手在当地生产,就地服务,而华为要从遥远的中国空运设备,运费高昂,服务费用也高。某研究机构发布的研究报告认为,研发经费约占华为公司产品成本的11%,销售支出则约占产品成本的40%;比较而言,研发和销售成本则分别占思科公司同类产品的16%和35%左右。表面看来,两者成本之和没有多大差别,但实际上,由于华为产品在很多时候价格要稍微低点儿,其结果往往是利润率降低。

行动指南

成本从优势变成劣势,不是华为一家的遭遇,在中国公司迅速国际化的过程中,所有的中国企业都必须妥善解决这个问题。

11月22日 避免教条主义

当然,使用外国的先进管理体系要结合华为公司的具体情况,不能教条主义。在一种制度向一种制度转换过程中,新鞋总是有些夹脚的,也可能挫伤一部分同志。我们的方法是坚决推行已经策划好的任职资格管理,再个案处理个别受冤屈的同志,然后展开全面优化,使发达国家著名公司的先进管理办法,与我们的实践结合起来，形成制度。

——摘自《华为的红旗到底能打多久》，1998年8月

背景分析

鲁迅先生说过，我们要坚持"拿来主义"，但"拿来主义"并非盲目照搬照抄，而是取其精华、弃其糟粕。同思科、IBM等大公司相比，华为是后来者，必须向它们学习，但不能犯教条主义。华为在引进英国的任职资格体系时，同时选用了美国合益公司的薪酬价值评价体系。所以，华为的价值评价体系里既有英国的规范化管理，又有美国的创新精神，因此不会像英国那样做得很死板。任正非由此认为，先进的管理体系对华为来说，有个削足适履的过程，但不能犯教条主义。

行动指南

矛盾既有普遍性，又有特殊性。在学习和借鉴的同时，要结合本企业的实际情况灵活修正。

11月23日 接受国际化的代价

华为要想追上西方公司，无论从哪一方面看都不具备条件，而且有些条件可能根本不会得到，因此，只能多付出去一些无限的生命。高层领导为此损害了健康，后来人又前仆后继、英勇无比。成功的背后是什么？就是牺牲。

我们还必须长期坚持艰苦奋斗，否则就会走向消亡。

——摘自《华为的红旗到底能打多久》，1998年8月

为了能生存下来，我们的研究与实验人员没日没夜地拼命干，拼命地追赶世界潮流，他们有名的"床垫文化"，将万古流芳。

——摘自《资源是会枯竭的，唯有文化才能生生不息》，1996年12月

背景分析

曾有人问任正非：华为应如何开拓海外市场？他回答说，国外生活很艰苦，开拓海外市场将是很艰难的过程，只有披荆斩棘，才有公司的明天。经过前面一代人几年的屡战屡败、屡败屡战，华为已经不断取得胜利了。公司后来人不但生活上要承受艰苦，而且工作、学习上将要承受更大的艰苦。很多产品、很多技术标准都必须搞明白，不明白就不能去那个国家开拓市场，就不能去那个国家投标。所以，等待后来华为人的不仅是生活上的艰苦，更有学习与工作上的艰苦。公司需要一大批勇敢的人走向海外市场，但光有勇气是不够的，公司面对的世界各国的竞争对手是有很高的职业化水准的，公司在战略上可以藐视他们，但在战术上必须认真重视他们。在任正非看来，华为要走向国际化，需要华为人持续不懈地发扬艰苦奋斗的作风和不怕牺牲的精神。

行动指南

"落红不是无情物，化作春泥更护花。"百年基业的奠定，需要一代代人前赴后继。

11月25日 本地化

沟通既要有介绍，也要有学习：不但介绍中国的文化，同样也要学习当地的文化；既要有外部的，也要有内部的；不但要与当地政府部门、运营商沟通，也要与我们日益壮大的本地员工队伍沟通交流。一个民族的文化积累是漫长的，这就使得沟通必然也是一个长期的过程，要从日常的点点滴滴做起，坚持不懈。

让我们每人学唱一首当地的歌曲或学跳一个当地的舞蹈。要想融入当地的生活，必然要先融入当地的文化。在本地化的道路上，沟通是最最重要的，而沟通应该从文化开始。

——摘自《沟通从文化开始》，1989年8月

背景分析

有一句名言：民族的，就是世界的。如美国人强调个人英雄主义文化，法国人强调浪漫主义文化，而中国人更强调中庸内敛的儒家文化。各个民族的文化虽然不同，但好的产品会被世界范围内不同的人所认可和接受。华为人依照国际标准建设公司管理系统，不遗余力地进行人力资源的开发与利用，强化内部管理，致力于制度创新，优化公司形象，极力拓展市场，建设具有华为特色的企业文化。华为的企业文化的核心部分可以被概括为：团结协作和艰苦奋斗。

从1996年开始，众多华为员工离别故土、远离亲人，奔赴海外，无论是在疾病肆虐的埃塞俄比亚还是在硝烟未散的伊拉克，无论是海啸灾后的印尼还是地震后的阿尔及利亚……到处都可以看到华为人奋斗的身影。

为了让国际友人更好地了解华为、了解中国，华为向国际友人赠送了大量精美的书籍、画册，并利用一些大的文化交流活动推介公司。在墨西哥的世界扬琴音乐节期间，华为邀请中国的音乐家为客户举办了一场华为专场民族音乐会；在墨西哥由中国政府举办的"感知中国"活动中，邀请政府和运营商的客户参观了展示中国新貌的展览，观看了"千手观音""少林武术"等精彩的表演；在巴西，华为得知中国杂技艺术团前来演出的消息，也邀请各界朋友前去观看……

中国富有深邃哲理的哲学思想，养生宜性的茶文化、饮食文化，以及高深莫测的武术功夫等让外国朋友们如痴如醉。在华为看来，对中国文化的学习应该成为华为员工自己的一门必修课。

行动指南

文化的力量是无穷的，在企业的国际化过程中，特色鲜明的企业文化将起到凝聚人心、鼓舞士气、增强战斗力的特殊作用。

11月28日 个人的国际化步伐

我们今后不强调硬性的组织学习，而是允许兴趣相投的人自愿组织学习研究小组，去深刻地改进他所从事的本职工作，推进国际接轨的步伐。

——摘自《不要忘记英雄》，1997年1月

背景分析

企业要走向国际化，不加强学习，就不能与时俱进，也就无法与国际接轨，走向世界也就成了一句空话。学习没有迟到者，更不能强求，学习只有成为了自觉、自愿的行为，才能真正起到推动组织进步的作用。为了赶上时代步伐，任正非自己曾努力地学习英语。在任正非看来，学习已经成为华为企业文化的一部分，华为人只有不断学习、自觉学习才能适应公司国际化发展的战略。

行动指南

善于学习的个人将会跟上信息时代的步伐，善于学习的团队将会在激烈的市场竞争中立于不败之地。

11月30日 下调职务

我们现在还十分危险，完全不具备这种能力。若3—5年之内不建立起国际化的队伍，那么中国市场一旦饱和，我们将坐以待毙。今后，我们各部门选拔干部时，都将以适应国际化为标准，对那些不适应国际化的，要逐步下调职务。

——摘自《雄赳赳，气昂昂，跨过太平洋》，2012年12月

背景分析

国际化的公司必须具有一批国际化的人才队伍，这是成为世界一流企业的必要条件。每一个刚到华为的员工都要进行为期最少半年的培训，如果是在市场技术开发人员职位上的员工，培训会达到一年。

1998年，由于人才囤积，华为在当时搞了一次培训，然后在培训当中进行淘汰，到培训结束的时候，只有50%多的新人被留下。2001年，华为告诉新招来的应届毕业生需要培训3个月，接着3个月变成了1年，后来1年又变成了两年，最后有相当一批人没有等到上岗就离开了华为。为了打造一批能与国际接轨的人才，华为在人力资本上的投入是巨大的。但是，华为的大多数员工，乃至高层，都是在国内市场成长起来的，后来，华为开始开拓海外市场，才逐步学习国际市场的知识，积累国际贸易经验。在这个过程中，有的员工乃至高层，不能适应国际化阶段的发展，学习能力比较差，对于这批人，任正非虽然承认他们的功劳，但绝不手软，要求下调他们的职务。2004年之前的华为，一大批不适应国际化发展的高层被调整下来，那段时间，华为内部免职、任职的命令满天飞。

行动指南

人才如同企业的血液，有时候需要更新，否则将影响企业的长远发展。

12月

责任：享受奋斗

12月1日 责任心

因此，没有责任心，不善于合作，不能集体奋斗的人，等于丧失了在华为进步的机会。那样您会空耗宝贵的光阴，还不如试用期中，重新决定您的选择。进入华为并不意味着高待遇，因为公司是以贡献定报酬的，凭责任定待遇。对新来员工，因为没有记录，晋升较慢，为此公司十分歉意。

——摘自《致新员工书》，1994年9月

背景分析

这段话是任正非对新员工的寄语，在本段话中，他反复强调了责任心。因为在华为绝大多数新员工都是刚刚毕业的大学生，有本科生、硕士以及博士，而他们中大多数都没有工作经历，只有理论知识。走出学校进入社会就不同了，他们成了一个承担责任和义务的载体：要对自己的言行负责；要对自己的家人、父母和社会负责；进入公司以后，要遵守公司的规章制度和纪律，要努力完成好工作，没有那么多的自由和多余时间，也没有那么多兴趣相投的玩伴。作为新员工，他们马上要投入新的工作，走上新的岗位，因此与在学校最大的不同就是他们需要对自己的岗位负责。同时，任正非强调"凭责任定待遇"也是对新员工的一种激励。员工对自己的待遇都很关注，当公司明确了按责任定待遇的规则之后，员工就会加倍认真负责地对待自己的工作、自己的岗位。

行动指南

高度的责任心是一个优秀员工最起码的素质。

12月2日 对产品负责

在设计中构建技术、质量、成本和服务优势，是我们竞争力的基础。建立产品线管理制度，贯彻产品线经理对产品负责，而不是对研究成果负责的制度。

……因为不对产品负责任，就不会重视产品商品化过程中出现的若干小问题，而只重视成果的学术价值，就会使研究成果被放置无用，这就是我国火箭做得好，打火机却造得不好的根源。

紧紧抓住产品的商品化，一切评价体系都要以商品化为导向，以促使科技队伍成熟化。我们的产品经理要对研发、中试、生产、产品行销、售后服务……贯彻沿产品生命线的一体化管理方式。这就是要建立商品意识，从设计开始，就要构建技术、质量、成本和服务的优势，这也是一个价值管理问题。

——摘自《华为的红旗到底能打多久》，1998年8月

背景分析

产品从研发到中试、生产、销售，再到售后服务等环节，构成了企业价值实现的全过程，也就是从设计理念到供应给用户的整个系统。客户是否对产品满意，系统里

的各个环节都至关重要。产品经理作为责任人，对每一个流程都应该严格把关。而产品的商品化，更强调了产品质量的重要性，因为是商品，所以就要进入流通领域，就要接受市场的检验。因此，要建立商品意识，从设计开始，就要构建技术、质量、成本和服务的优势。

行动指南

企业流程无小事。

12月3日 男女平等

华为公司从不歧视女员工。华为女性员工总人数占公司总人数的 25% 左右，这个比例是相当高的。华为在安排安全退休金以及其他方面，都是体现男女平等的。很多公司不愿意聘用女员工，是因为女员工的工作效率低，做事达不到目标，而且女员工有一个大缺点，就是爱传小话，唠叨小话，破坏团结。本来华为录用女员工的目的是给管理群增加一种润滑剂。男性员工的最大特点是刚性，互相一碰撞容易出火花。中间隔着一层弹性海绵，就不会撞出火花了。若女同志传小话，反而是去点火了。既然如此，那华为就有必要调整某些部门女员工的比例，向其他部门输送、消化一部分。华为公司聘用员工的男女比例是遵循客观规律的，不是人为可以改变的，华为去大学招聘科技、技术人员时是没有性别歧视的。

——摘自《在秘书座谈会上的讲话》，1997年2月

背景分析

追求公平、公正的竞争原则，反对任何形式的歧视，是企业履行社会责任的表现之一。在社会所有的歧视中，性别歧视由来已久。由于历史原因以及传统的"男尊女卑"的封建思想，即使是在现代社会，女性有时候也得不到公平、公正的待遇。在某

些地方，歧视女性的现象尤其突出，很多企业招聘时都强调"男士优先"。在很多用人单位看来，女性的精力没有男性多，有的单位担心女性的生育会给单位带来很多损失。这显然是一种缺乏社会责任感的行为。在华为，性别歧视的现象是不存在的，女员工无论是在工作、岗位方面，还是在薪酬待遇方面都不会受到歧视，公司对待男女员工一视同仁。

行动指南

男人能做到的事情，女人同样可以做到。男女平等是社会公平、公正的重要体现。

12月4日 节约资源

人类所占有的物质资源是有限的，总有一天石油、煤炭、森林、铁矿……会被开采光，而唯有知识会越来越多。……党中央已提出"科教兴国"，以此提高全民族的素质和基础，同时强调要深化管理，使知识产生价值，以创造民族的财富。

——摘自《资源是会枯竭的，唯有文化才能生生不息》，1996年12月

背景分析

以前，中国人习惯以"地大物博"自居。但是，随着中国人口的剧增，资源过多的消耗，中国已经由"地大物博"变成了"地大物薄"。而更为严重的是，一些企业为了追求企业利益，不惜大量浪费资源，污染环境，虽然获得了一时的经济效益，但给社会造成了长久的伤害。任正非认为，在这种大环境下，华为要充分利用资源、节约资源。对日本进行考察后，任正非认为，日本作为一个小国，资源有限，却发展成为世界第二大经济强国，涌现出一大批全球知名的企业，如丰田、索尼、松下等大公司。日本能够从第二次世界大战后的废墟里站起来，能够利用有限的资源，大力发展工业，这与其国民的高素质和对祖国的责任感是分不开的。任正非鼓励华为人，要充分发挥聪

明才智，消耗最少的资源，为社会创造最大的财富。

行动指南

资源是有限的，但是人的智慧是无穷的。

12月5日 IFS 的责任

IFS 在推行的过程中我们培养了一些干部，这些干部将来如果能融入业务过程中，能起到一定的作用，对公司的发展、效益的提升有好处的话，这就是 IFS 本身的责任。

——摘自《IFS 项目组及财经体系员工座谈纪要》，2009 年 2 月

背景分析

2007 年 7 月，华为正式启动 IFS 项目，对财务体系进行改革。IFS 项目很快就取得初步成效，应用国际金融管理的标准，严格控管财务风险。华为销售收入增长高于贸易性应收账款增长，确保了回款状况的良好。截至 2008 年 12 月，华为的现金流已达 30.8 亿美元。在新的财务管理流程体系的保障下，华为在 2009 年年初对组织架构进行了大调整。

行动指南

企业立项改革的责任和目的，就是要充分发挥企业的主观能动性，不断提高管理水平，提升核心竞争力，以适应新的市场需求，进而提升企业的经济效益。

12月6日 服务社会

只有规模化，才能进一步提高质量，降低成本，更好地服务社会。华为正在尽力进步中，十分真诚地欢迎你们再次光临华为指导。

——摘自《上海电话信息技术和业务管理研讨会致谢词》，1995年6月

背景分析

一个有责任感的企业不仅仅向社会索取，使自己的利益最大化，而是在获得利益的同时也要服务社会，为社会多做贡献。遗憾的是，一些企业在获得巨大利益的同时，对社会的贡献却远远不够。现在已经成为全球500强的中国石化、中国石油、国家电网以及中国的国有银行等，依靠垄断地位获得了超额利润，企业员工的待遇也远远高出其他行业，2007年上半年，中石油赚了818亿元，员工薪酬上浮了32%，但是这些企业因垄断和服务态度恶劣饱受社会各界诟病，如国有银行存在一系列"霸王条款"、办事效率过低等。作为民营企业，华为没有垄断政策的保护，只有从市场上争取利润，在激烈的市场竞争中生存下去，为社会提供高质量、低价格的产品。与某些国有大企业相比，华为服务社会的意识更强。

行动指南

企业服务社会、给社会做出贡献的同时，也在为自己树立口碑，提升自己的品牌价值。

12月7日 集体利益高于个人利益

华为将要求员工把集体利益置于个人利益之上，要开展批评与自我批评，不断地

优化自己、优化集体、优化组织。

是否忘记了尽 100% 的努力服务客户，达成目标，在竞争中取胜是一种责任？是否忘记在繁忙的工作之余不断地提升业务技能、交付水平，让客户满意是一种责任？是否忘记面对客户的每一个关键时刻，虔诚地服务是一种责任？是否忘记关心、培养下属是各级干部应尽的责任？是否忘记达到目标的同时，节约成本、降低费用，为公司创造利润是一种责任？是否忘记提升效率，增强跨部门合作是一种责任？

——摘自《自强不息，荣辱与共，促进管理的进步》，1997 年 7 月

背景分析

任正非在《致新员工书》一文中就强调，华为是个集体，在华为要有团队精神，公司不欢迎那些喜欢单打独斗的人。讲究集体奋斗，重视团队协助也是任正非所指的企业狭义的社会责任感。华为人要做的就是要以公司的命运为己任。在公司，员工要有强烈的责任感，把公司的利益放在首位，尽心尽责地完成公司交给的任务；而作为领导者，除了要对自己的岗位负责，还要对自己的下属负责。总之，在华为，每个员工都要负起责任来，把自己的利益和公司的利益紧密结合。正如任正非所言"胜则举杯相庆，败则拼死相救"，团结协作的精神已经成为华为的核心企业文化之一。

行动指南

对于基层员工来说，踏踏实实做好本职工作最为重要，企业就如一部机器，员工就是机器上的零件，只有每个零件都发挥自己的作用，各就各位，机器才可以正常运转。

12月8日 第一受信主管责任制

一个主管接到员工危难报告时，不仅仅是上报了，就没有责任了。我们要确定第一受信主管责任制。尽管你不一定是他的直接主管，但"受难者"找到了你，你就是

第一责任者。你一定要跟踪落实，直到受害员工得到了及时负责任的救助为止，否则应承担责任……主管在突发事件中对员工负有关爱责任，我们要对异常事件处理失职的主管给予严肃处理。

——摘自《关于费思思突发事件批示》，2009年8月

背景分析

2009年8月20日晚20点20分左右，华为供应链派遣员工费思思在东坑红海派遣员工宿舍路口等待接送班车时，遭到两名歹徒飞车抢劫。抢夺中费思思被拉倒，工卡、150元现金丢失，身体多处擦伤、左肩锁骨骨折。在救助费思思的过程中，个别主管的不恰当言辞，导致了员工的误解并造成不良影响。

任正非对这件事情做了严肃的处理，并要求员工反思："我们各级主管不应对员工有冷漠感，不仅仅是对员工，即使路见'受难人'，也应力尽所能地帮助，至少帮助把求救电话发出。此事要引起各级干部的自我反思，各级主管都不应麻痹不仁。我们已经全球化了，我们的中高级主管的手机要保持每周7天、每天24小时开机。我们不仅应帮助自己的员工，即使对竞争对手，那些与我们进行恶性竞争的对手的员工，在危难之时，我们也应伸出援助之手。公司之间是市场关系、竞争关系，员工之间是人性关系。在高山、冰原、沙漠……遇难时，都应及时帮一把。"

行动指南

领导关心下属，就是关心企业，不仅是关心本部门的员工，还要关心其他部门的员工。领导漠视员工，就是漠视责任。领导对于员工，尤其是身处困难的员工，要及时、时时地给他们安慰、鼓励和帮助。

12月10日 首长负责制

以各部门总经理为首的首长负责制，隶属于各个以民主集中制建立起来的专业协调委员会。各专业委员会委员来自相关的部门，组成少数服从多数的民主管理。议事，不管事。有了决议后由各部门总经理去执行。这种民主原则，防止了"一长制"中的片面性，在重大问题上，凝聚了集体智慧。这是公司6年来没有摔大跟头的原因之一。民主管理还会进一步扩展，权威作用也会进一步加强，这种大民主、大集中的管理，还需长期探索，希望您成为其中一员。

——摘自《致新员工书》，1994年9月

背景分析

董事会领导下的总经理负责制，就是通过设立股东大会、董事会、经理层、监事会，构建不同的权力机构，划分企业内部管理机构的责权利关系。股东大会是公司的最高权力机构。根据《公司法》规定，股东大会由全体股东（或股东代表）召开，对公司的经营管理和股东利益等重大问题做出决策。董事会是股东大会闭会期间行使职权的机构，是公司常设的权力机构和经营管理决策机构，是公司对外进行业务活动的全权代表。经理层是公司章程规定范围内的业务执行机关，负责企业日常管理工作。监事会是代表股东和职工依据公司章程履行职责，维护公司利益的监督机构。在华为，通过民主集中的原则确立总经理负责制，主要是为了淡化部门最高领导的个人权力，发挥集体智慧的优势。在这种格局下，华为各部门只议事，不管事，也就是没有决定权，只有执行的权力。

行动指南

拥有权力就代表着肩负责任，而肩负重任不意味着拥有了权力。只有最大限度地淡化权力，才能更好地体现责任意识。

12月12日 有限责任

我们不能对每个人负无限责任,只能负有限责任,无限责任我们是负不了的。

——摘自《全球行政人员年度表彰暨经验交流大会座谈纪要》,2010年3月

背景分析

2010年3月4日,在华为2010全球行政人员年度表彰暨经验交流大会上,有员工向任正非提了一个关于员工服务的程度问题:海外行政对于外派员工要服务到什么程度?部分国家家属较多,行政平台资源如宿舍压力大,怎么看待?

任正非是这样回答的:"我们认为你们管的不是小孩子,我们没有交给你们全托,而且也不是半托,你们只是给他们一些安排,不要太热情,难道你们还要帮他们这些'幼儿''洗澡'吗?没必要,你们太操心了,这就是成本。他们都是大人了,都要学会自我管理。"他认为企业对员工只能负有限的责任,而不是无限地负责。

行动指南

员工是企业最可宝贵的财富,对员工负责是一个企业最基本的责任。然而这份责任不是无限度的,而是在企业的能力与成本可支持的范围下的有限的责任。

12月13日 职业责任感

我们的职业责任感,就是维护网络的稳定……任何时候都会有动乱发生,我们在任何地方、任何时候只对网络的基本稳定承担责任,任何地方、任何时候,我们决不会介入任何国家的政治。

——摘自《关于珍爱生命与职业责任的讲话》,2011年2月

背景分析

任正非曾经说过，华为提供的产品与服务已无处不在、无时不在，无论是在缺氧的高原、赤日炎炎的沙漠、天寒地冻的北冰洋，还是布满地雷的危险地区……只要地球有人的地方，都会有覆盖。华为提供的网络与服务，要求在任何时候必须稳定运行，哪怕当地正在发生的瘟疫、战争、地震、海啸等危难情况。

华为在任何地方、任何时候只对网络的基本稳定承担责任。因为华为人知道，放弃网络的稳定，会有更多的人牺牲。在非洲安哥拉，曾经有华为当地负责人不请示华为总部，就背弃了当地政府，背弃了运营商及合作伙伴，私自撤离，结果酿成大错。任正非重申："华为决不会介入任何国家的政治……我们选择的职业，是有一定责任的。"

行动指南

每一份职业都有其特殊的责任，这份责任感是指我们身在社会、身在职场要时刻恪守职业操守，确立"对职业负责、对行业负责、对社会负责"的使命感。

12月15日 认真负责不是财富

华为要求员工要认真负责，但认真负责不是财富，还必须管理有效。

——摘自《华为的红旗到底能打多久》，1998年8月

背景分析

管理学家德鲁克说过：管理是一种实践，其本质不在于"知"，而在于"行"。心态、技能、知识属于"知"的范畴，"行"就是好的工作习惯。在任正非看来，认真负责是每个员工的职责，这是属于"知"的范畴。而有效管理的目的就是让员工保持良好的工

作习惯，最终使公司达到"无为而治"。德鲁克还说："权力（power）和职权（authority）是两回事。管理当局并没有权力，而只有责任。它需要而且必须有职权来完成其责任——但除此之外，决不能再多要一点。"

在德鲁克看来，管理当局只有在它进行工作时才有职权，而并没有什么所谓的"权力"，他反复强调，认真负责的员工确实会对经理人提出很高的要求，要求他们真正能胜任工作，要求他们认真地对待自己的工作，要求他们对自己的任务和成绩负起责任来。责任是一个严厉的主人。如果只对别人提出要求而并不对自己提出要求，那是没有用的，而且也是不负责任的。如果员工不能肯定自己的公司是认真的、负责的、有能力的，他们就不会为自己的工作、团队和所在公司的事务承担起责任来。要使员工承担起责任和有所成就，必须由实现工作目标的人员同其上级一起，为每一项工作制定目标。此外，确保自己的目标与整个团体的目标一致，也是所有成员的责任。必须使工作富有活力，以便员工能通过工作使自己有所成就。而员工因需要承担责任，公司就需要对员工提出要求，制定纪律和进行激励。任正非对责任与权力的认识，与德鲁克的观点非常接近。他指出，认识权力也要从认识管理人员的责任、员工的责任和企业的责任开始。

行动指南

责任是"知"的范畴，而管理是"行"的范畴，企业只有知行合一才能协调发展。

12月16日 区别社会责任与个人成就欲望

区别社会责任（狭义）与个人成就欲望，予以疏导，发挥积极的推动作用，选择有社会责任者成为管理者，让个人成就欲望者成为英雄、模范。

公司的竞争力成长与当期效益是矛盾的，员工与管理者之间是矛盾的……这些矛盾是动力，但也会形成破坏力，因此所有矛盾都要找到一个平衡点，驱动共同为之努力。管理者与员工之间矛盾的实质是什么呢？其实就是公司目标与个人目标的矛盾。公司考虑的是企业的长远利益，是不断提升企业的长期竞争力。员工主要考虑的是短期利益，因为他们不知道将来还会不会在华为工作。

——摘自《华为的红旗到底能打多久》，1998年8月

背景分析

任正非谈到华为面临的矛盾时指出，解决这个矛盾就是要在长远利益和眼前利益之间找到一个平衡点，为此，华为实行了员工股份制，员工从当期效益中得到工资、奖金、退休金、医疗保障，从长远投资中得到股份分红，华为以此避免了员工的短视。而任正非所说的社会责任与个人成就欲望之间的矛盾，指的是公司的集体利益与个人发展的矛盾。在任正非看来，要协调好这一对矛盾，只有具体分析它们的特点，让有责任感、有使命感的人走上管理层，让个人成就突出的人做优秀员工的楷模。

行动指南

矛盾无处不在，无时不有，因此，企业要正确分析矛盾的特点，做到具体问题具体分析。

12月18日 个人成就感与社会责任感紧密结合

还有许多人有强烈的个人成就感，华为也支持。华为既要把社会责任感强烈的人培养成领袖，又要把个人成就感强烈的人培养成英雄，没有英雄，企业就没有活力，没有希望，华为既需要领袖，也需要英雄。但华为不能让英雄没有经过社会责任感的改造就进入公司高层，因为他们一进入高层，将很可能导致公司内部矛盾和分裂。因此，领导者的责任就是要使自己的部下成为英雄，而自己成为领袖。

——摘自《华为的红旗到底能打多久》，1998年8月

| 背景分析 |

华为良好的企业文化、每年辉煌的销售业绩等，使它已成为各大高校毕业生梦寐以求的去处。因为在他们看来，物质利益也许并不重要，重要的是能在华为大展拳脚，实现个人的理想。华为墨西哥代表处的阿曼多曾服务于多家电信公司，从事过传输、接入以及固网方面的工作。来华为之前，阿曼多作为技术经理在 M 公司工作了一年半的时间。一天，他偶然看到了华为的招聘广告，并为其完善的产品所吸引，正好那时阿曼多也在寻求能更好地发展自己技能和事业的机会，所以就决定试一试。不过阿曼多在面试的时候有些失望，因为阿曼多看到的不是完善的产品，而是简陋的办公室，里面只有四名员工：两名中方员工、一名本地员工、一名助理。可能是看出了阿曼多的疑虑，华为对阿曼多解释说其实华为有着具有竞争力的产品和解决方案，并不是一家小公司，而且有着令人兴奋的目标和愿景，目前打算开辟拉美市场，所以非常希望有经验的本地员工加盟，共创事业。尽管阿曼多当时还是不太有信心，但显然被对方的诚心打动了，最终选择加入华为，后来，他成为华为在当地的骨干。华为已经成为优秀人才实现个人理想的乐园。但是，任正非认为，个人成就必须建立在对企业的强烈责任感和使命感之上。

| 行动指南 |

个人的成就离不开企业的发展，要把个人成就感和对企业的责任感和使命感紧密地结合起来。

12月20日 管理者的责任和使命

一个职业管理者的社会责任（狭义）与历史使命，就是为完成组织目标而奋斗。以组织目标的完成为责任，缩短实现组织目标的时间，节约实现组织目标的资源，就是一个管理者的职业素养与成就。使用权力不是要别人服从您，而是要您告诉他如何干。因此，围绕组织目标的有效实现，个人所处的位置，承担的使命，应如何理解？怎样理解公司的组织目标的实现？我在《华为的红旗到底能打多久》里讲过，在历次很多讲话上都讲过，但大家都听不进去，今天就要考一次，你听不进去也要写。一个职业管理者他的职业就是实现组织目标，因此，实现组织目标不是他的个人成就欲所驱使，而是他的社会责任（狭义）无时不在地给他压力。

——摘自《一个职业管理者的责任和使命》，2000 年 11 月

背景分析

"术业有专攻"，每个人都有自己的优势。因此，任正非认为，公司的管理者不一定有突出的成就，但是他如果有责任感，有团队精神，善于领导部下成功，善于协调各种矛盾，那么他就应该受到重用，公司就应该把他推到管理者的位置上去。由于发展太快，华为面临队伍快速扩张、国际化运作、跨文化管理带来的人力资源管理挑战。

在任正非看来，领导者的责任就是"布阵、点兵、陪客户吃饭"。"布阵"就是组织建设和组织行为建设，"点兵"就是干部选拔、使用、考核的路线落实和干部新陈代谢的和谐解决，"陪客户吃饭"就是了解客户需求。"布阵、点兵"的要求就是各级主管要成为人力资源管理的第一责任人。任正非认为，各级主管不是独立贡献者，而是要带领团队创造优秀绩效的领头人，有责任指导、支持、激励与合理评价下属人员的工作，帮助下属成长，全面承担起本部门团队选、育、用、留的各项人力资源工作。业务工作和团队管理是靠人去完成的，忽视人力资源管理的责任，把个人成就感置于组织托付之上，沉醉于自己的轰轰烈烈，无心为下属成长去努力，是不合格的。因此，公司有必要区别哪些人适合做管理者，而哪些人又适合做技术。

行动指南

尺有所短，寸有所长。在企业里面，每个员工都有自己的长处和不足，公司应该发掘出每个员工的潜力。

12月22日 精神文明与物质文明并存

在华为公司，物质文明和精神文明是并存的。华为认为企业的发展不能以利益来驱动，君子取之以道，小人趋之于利，以物质利益为基准，是建立不起强大的队伍的，也是不能长久的。农民革命、个体户、一些小公司的一些经营行为都是以利益为驱动，这都是不能长久的。所以，必须使员工的目标远大化，使员工感到他的奋斗与祖国的前途、民族的命运是连在一起的。为伟大祖国的繁荣昌盛，为中华民族的振兴，为自己与家人的幸福而努力奋斗。华为提倡精神文明，但华为常用物质文明去巩固。

——摘自《华为的红旗到底能打多久》，1998 年 8 月

背景分析

任正非说，华为是否只是在生存下来之后、经济状况改善之后，就一劳永逸了呢？显然不是。华为人还要致力于精神文明建设，把公司的命运和祖国的命运联系起来，还需要承担更多的社会责任。而一个有责任感的企业就应该不断为社会创造财富，不作奸犯科，为社会缓解压力，为政府增加税收以及积极参与公益事业，推动社会的进步。

行动指南

物质文明和精神文明是一对对立统一的矛盾，企业要正确处理这一对矛盾，做到两者兼顾。培养员工从小事开始关心他人，要尊敬父母，帮助弟妹，对亲人负责。

12月24日 科教兴国

两部发动机,为国家,也为自己与亲人。实事求是,合乎现阶段人们的思想水平。客观上实现了为国家。

中国是人均资源较少的国家。唯有科技兴国一条振兴的出路。这是企业的社会责任。

——摘自《华为的红旗到底能打多久》,1998年8月

背景分析

"科教兴国"是党中央、国务院按照邓小平理论和党的基本路线,科学分析和总结世界近代以来,特别是当代经济、社会、科技发展趋势和经验,并充分估计未来科学技术特别是高技术发展对综合国力、社会经济结构、人民生活和现代化进程的巨大影响,根据我国国情,为实现社会主义现代化建设三步走的宏伟目标而提出的发展战略。"科教兴国"是指全面落实科学技术是第一生产力的思想,坚持以教育为本,把科技和教育摆在经济、社会发展的重要位置,增强国家的科技实力及向现实生产力转化的能力,提高全民族的科技文化素质,把经济建设转移到依靠科技进步和提高劳动者素质的轨道上来,加速实现国家的繁荣强盛。

作为中国社会的一个有机组成部分,华为也把"科教兴国"作为一项重要内容,《华为基本法》第七条规定:"华为以产业报国和科教兴国为己任,以公司的发展为所在社区做出贡献。为伟大祖国的繁荣昌盛,为中华民族的振兴,为自己和家人的幸福而不懈努力。"因此,任正非认为,致力于高新科技的研发,以知识创造财富,是华为践行这个国家战略的具体方式。

行动指南

科教兴国的核心是科技,这与企业的科研目标是一致的。

12月26日 用责任意识选拔干部

华为一定要把有责任意识、认真负责的员工选拔上来，给予培养的机会，通过这种置换，才能使华为的队伍更加强大。

——摘自《华为的红旗到底能打多久》，1998年8月

背景分析

华为认为，对干部的选拔要以责任结果为依据。好的干部是干出来的，对素质的评判更应以责任结果为依据，避免唯素质论。没有好的责任结果的干部不应该被提拔或被培养。在华为，只有那些有责任感和使命感的人才能进入中高级领导层，这也就是任正非所强调的狭义的社会责任感。

任正非要求，华为的管理者，特别是大批年轻的基层管理者，要努力提升自身的管理能力，加强学习，积累管理经验。对事的管理上，要做好计划，要合理分配工作，合理调整工作节奏，张弛有度，攻下一个山头后，团队要注意适当休整、认真总结。

行动指南

责任意识是评价一个干部是否负责的起码标准。

12月28日 享受奋斗

华为将自己的目标选定为向世界一流公司靠拢，而现在差距又这么大，于是就更迫切地需要英雄，那种群体奋斗的英雄，那种勇于献身、无私无畏的英雄。一切有志的热血儿女都应为中华的振兴而奋不顾身，献出你的青春，献出你的热血，拥抱你的

事业，享受奋斗的人生。

——摘自《呼唤英雄》，1994年12月

中国是世界上最大的新兴市场，因此，世界巨头都云集中国。公司创立之初，就在自己家门口碰到了全球最激烈的竞争，华为不得不在市场的夹缝中求生存；当华为走出国门拓展国际市场时，放眼一望，所能看得到的良田沃土，早已被西方公司抢占一空，只有在那些偏远、有动乱、自然环境恶劣的地区，它们动作稍慢，投入稍小，华为才有一线机会。为了抓住这最后的机会，无数优秀华为儿女离别故土，远离亲人，奔赴海外，无论是在疾病肆虐的非洲，还是在硝烟未散的伊拉克，或者海啸灾后的印尼，以及地震后的阿尔及利亚……到处都可以看到华为人奋斗的身影。

——摘自《天道酬勤》，2006年8月

背景分析

华为所强调的社会责任感主要是指狭义的社会责任感——把公司利益放在首位。因此，作为公司的干部就需要有牺牲和奉献精神。任正非曾经深情地回忆：有的华为员工在高原缺氧地带开局，爬雪山，越丛林，徒步行走了8天，为服务客户无怨无悔；有的华为员工在飞机失事中幸存，惊魂未定又救助他人，赢得了当地政府和人民的尊敬；也有的华为员工在恐怖爆炸中受伤，或几度患疟疾，康复后继续坚守岗位。华为还有3名年轻的非洲籍优秀员工在出差途中飞机失事不幸罹难，永远地离开了华为。正因为有一批又一批的优秀员工的奋斗，华为才有如今的辉煌成就。

行动指南

贡献。

12月30日 正在走向的社会就是好的社会

进入华为并不意味着高待遇,因为公司是以贡献定报酬的,凭责任定待遇。对新来员工,因为没有记录,晋升较慢,为此公司十分歉意。如果您是一个开放系统,善于吸取别人的经验,善于与人合作,借助别人提供的基础,可能进步就会很快。如果封闭自己,怕工分不好算,就需要较长时间,也许到那时,您的工作成果已没有什么意义了。实践是您水平提高的基础,它充分地检验了您的不足,只有暴露出来,您才会有进步。

——摘自《致新员工书》,1994年9月

背景分析

在华为,"酬"基于贡献、基于责任,华为注重绩效导向,无效、不增值的工作是不能得到报酬的,因为公司的利润是基于公司对客户服务的增值,华为每个人的"酬"是基于对公司的贡献,对公司的贡献是"酬"的基础。华为付"酬"是基于责任的,职位越高的人承担的责任越大,既要接受公司的结果考核,接受更高的行为规范要求,又要接受较普通员工比例更高的末位淘汰压力。因此,华为更要关注领导者的责任结果。华为对于"酬"的认知也是与时俱进的,不仅看到有形的酬,也看到无形的酬,有形的酬包括薪酬、奖金等,无形的酬包括给予员工培训的机会、员工接受挑战的机会、组织对个人的认可或表彰、个人能力提升和阅历增长等。

行动指南

在一个公平竞争的环境里,能力越强的人,获得的报酬也越多,但承担的责任也会越大。